走過青春期的高情商陪伴法

成為孩子最信賴的依靠！41則幫助他擺脫迷惘、邁向獨立的親子相處指引

張曦允／著・余映萱／譯

青春期不是叛逆期，而是一段孩子「尋找自我」的時期。在這個過程中，孩子會和他人產生對立是必然的。因為他們透過瞭解了「我和別人不一樣的地方」，也會更瞭解「我是誰、我喜歡的、我認同的、我不認同的……」。除此之外，孩子也會開始需要自己的空間、開始思考夢想與未來，這是他們邁向獨立的必經過程。

——張曦允

推薦文

讀完此書，頓時覺得和青少年一起過著機智生活，不是夢！

——親職教育推廣人／陳其正（醜爸）

家有青春期階段的孩子，父母心好累！每天都在和孩子鬥智鬥法，管太嚴擔心孩子反抗，管太鬆又怕孩子出亂子，更麻煩的是，想和孩子講講話，卻換來令人心碎的回應。如果你也正和青春期的孩子處在緊張中，快來翻閱這本教養寶典。其實，青少年也是很可愛的！

——諮商心理師、暢銷作家／陳志恆

青少年的孩子，需要我們用太陽般的溫度、視他為獨立個體般的尊重，來靠近他與了解他。

——親職教育講師／魏瑋志（澤爸）

如果不是具備足夠的思考力、感受力、溝通力的孩子，會受困於這個身心都在急速變化的時期是很自然的。對於曾經或正在陪伴子女度過青春期風暴的你、接觸過青少年教育的你，甚至是獨自對未來煩惱迷惘的青少年們，相信這本書能成為您們重要的指南與安慰。

——梨花女子大學教育學博士、《我可以當教師嗎》作者／崔英蘭

韓國有句俗諺是「養一個孩子需要動員全村的力量。」意思是指，一個孩子的成長，需要許多人的關心、關愛來澆灌。

曦允是一位「將青春期的變化視為可貴力量」的天使教師，她勇敢地擁抱孩子在青春期的各種可能性，此書包含作者在教學現場的豐富實戰經驗，每篇文末還有暖心的「曦允老師的溫柔叮嚀」，娓娓道出她對於青春期的真心話。這是蘊含了作者的愛與熱情的一本書，強烈推薦給各位。

——韓國青少年教養專家、《可愛的妳》作者／朱美姬

所謂經驗的積累，重點不是「做了多少」，而是「用什麼方法做」。具有十多年教學經驗的我自問，自己是否有如同作者那般仔細、認真地探究孩子每個舉動背後的原因呢？我只能慚愧地說聲——抱歉！

雖然教師的角色很重要，但是，與父母的互動才是真正形塑孩子行為的關鍵。此書提供有效且清楚的訣竅，協助你掌握細膩且強烈渴望表達自我的青春期學生，真心祝賀這本教育經驗談的出版！

——韓國古林高中國文老師／韓明均

作者透過教學生涯中的案例，為青春期子女的家長提供特效藥，其中一顆特效藥就是「欲擒故縱」，就像男女間的愛情需要「欲擒故縱」，父母和子女間也需要剛剛好的距離。如果您也有正值青春期的子女，本書能增加您陪伴孩子的信心、協助您成為孩子生命中的摯友。

——韓國講師報社代表，《tok!-tok!-tok!-設計思考》作者／韓相亨

曦允像是天生自帶熱情。多年來在課堂上，她的聲音始終飽含著對教育的魄力，以及對學生的熱情，使我由衷佩服，而且，她總是以真摯的心與學生溝通，我相信她的作品能讓所有人都產生共鳴。能夠遇見熱情彷彿永不會消退的張曦允老師，對我和許多學生而言，都是莫大的榮幸和幸運。她總是撫慰小天使們的傷痛、理解他們的內心，願她在這條溫暖且偉大的教師之路持續前進。

——散文家、教育行政人員／尹正秀

此外，我也獲得了諸多前輩老師的幫助，才能順利從一位蹩腳的新手教師，成長為今天的我。感謝如同母親般，經常鼓勵提點我的李敏熙主任、總是溫暖給予我建議的金成天老師、在我心中如同楷模般充滿教育熱情的林英勳教師、在許多層面都照顧著我的卓成愛老師和徐錫子老師。最後，感謝我的戰友，同時是我的靠山的李宥真老師。真的非常感謝您們。

在此也向Borabit Cow出版社的金哲元代表和金伊瑟編輯表達我的感激之心。書中這些有淚水有笑容的精彩片段，因為有您們，我才得以向世界分享箇中冷暖。我也想向我教過的學生們告白，尤其是在本書「孩子的真心話」專欄裡登場的五顆寶石（多英、成彬、吉雷、允貞、志溫），我想，在教學過程中學習、體悟到最多的，其實是我自己。在此向我的學生們表達無盡的感謝。

最後，我想對我親愛的家人們表達感謝，尤其是我的母親，儘管青春期的我是個沒有好好盡孝道的女兒，但您依然始終如一地給予我愛和信任，在此，我想向您致上最深的感謝。

張曦允

Contents

CHAPTER 2

掌握和青春期孩子的最佳距離〔機智行動篇〕

CHAPTER 3

與青春期孩子的轉念溝通〔機智對話篇〕

CHAPTER 4

成為孩子最可靠的內在教練（機智引導篇）

CHAPTER 5

和青春期孩子一起並肩成長（機智調適篇）

CHAPTER 1

唉，我的乖小孩跑哪去了？

［狀況掌握篇］

LESSON 01

「老師，我家孩子才不會罵髒話！」

大多數的母親都認為，自己是世界上最瞭解自己孩子的人。懷胎十月生下來的小傢伙，如果連我都不瞭解他，還有誰會瞭解啊？想必各位都是這樣想的。諷刺的是，最不瞭解孩子的人之一，可能就是孩子的母親。

•••

某所高中發生了暴力事件，學校隨即召開了校園暴力委員會。加害學生平時就是經常使用暴力、讓老師們連連搖頭的小孩。然而，被班導請來學校的學生母親，竟然訝異地說出：

「老師，我家孩子可是連髒話都不會講啊！」

現在的孩子從小學開始，一天的行程可能比成人還要滿。因此，即使身處同個屋簷下，父母和子女相處的時間，遠比想像中少得多。每天朝夕相處的父母，反而最難察覺子女在生理和心理上的轉變。

「老師，我家孩子小學的時候不是那樣啊！他變得太奇怪了。」

「我的天哪，他怎麼會做出那些事呢？」

曾經是家裡的開心果、惹人憐愛的小天使，到了接近青春期，孩子成了父母無法理解的存在。孩子開始出現「中二病」、學校不斷打電話來投訴孩子……，家長們不由得陷入崩潰。曾經善良又溫柔的孩子到底去哪了？

青春期的孩子總是很任性，和這個階段的他們一起生活，父母的壓力想必不小，往往在忍無可忍唸他一句時，孩子的反應常常是表面應和，行為上卻絲毫不為所動。如果再催促他們，他們就會更不耐煩地大喊：「就說我有聽到了嘛！」導致父母光看到孩子的臉就心煩，親子關係很難不惡化。

除此之外，青春期孩子總是要在我們說了第N次「趕快！」以後，他們才心不甘情不願地去上學、去補習。他們口口聲聲說自己有在讀書，眼睛卻整天盯著智慧型手機，看得身旁的大人都快氣炸了！還不只這些，如果他們已經下定決心不聽父母說話，就死都不會聽話。

當我提到要以「青春期孩子」為主題撰寫一本書時，有位老師對我說了以下的話。「為什麼眼前明明有熱騰騰的飯菜，他們卻更想吃泡麵？尤其是杯麵，怎麼那麼喜歡吃那種東西啊？實在是搞不懂這些小孩耶！」

即使是在教學現場的老師們，如何面對自己踏入青春期的子女，依舊是個難題。青春期出現的反抗行為也令人難以理解，甚至會讓人懷疑，「眼前這個奇怪的孩子，真的是我的孩子嗎？」

我也發現，最近的女孩子很早就開始學習化妝了。有的孩子甚至畫上了不輸成人的濃妝到學校上課。如果母親強烈反對，他們就會先素顏走出家門，接著在上課途中找空檔化妝，到了學校時已經是全妝狀態。我想著，光是一大早起床就夠累了，為什麼還要很麻煩地化好妝才走進學校呢？於是我詢問那些有化妝的孩子們，得到了意料之外的回答。

「老師，素顏出門很丟臉欸！」

我以為她們會說的是「因為化妝會看起來更漂亮」或是「想吸引心儀的男生」之類的理由，但並非如此。**15歲的女孩已經將自己視為女人，甚至內化了「化妝是對人的禮貌」這個價值觀**，讓我十分吃驚。不過，即使是長輩無法理解的行為，但青春期的孩子總有做這些行為的理由。就算他們做出令人無法理解的行為，甚至讓我們感到陌生，我們都要明白一件事——**現在就是他們塑造屬於自己人格特質的時期**。

• • •

宥貞曾經是我覺得很難瞭解的孩子之一。她從小就是社區裡出了名的乖學生。我第一次看見宥貞時，很自然地認為她的父母大概一輩子都不必擔心她吧！然而在宥貞上國中後，情況完全不同了，宥貞開始不看書，整天只想跟朋友一起玩，曾經只想和書待在一塊的乖學生，竟然變成完全不碰書的孩子，她的母親因此非常焦急。

其實原因很簡單。因為宥貞的世界徹底被翻轉了，對於小學的宥貞來說，「書」就是「全世界」，**但進入青春期之後，出現了比書本更有魅力的「朋友」**，沒必要再緊抓著書本不放了。

青春期的孩子會歷經脫胎換骨般的變化。但是，家長通常很難接受孩子天差地別的轉變。這是為什麼呢？

我想家長無法接受的原因，是因為孩子改變的方向並不符合父母的期望。「子女是書呆子」，這個形象是宥貞的父母比較可以接受的，但是，一個愛化妝、比起讀書更喜歡跟朋友膩在一起的孩子，則是宥貞父母完全沒預料到的。

遺憾的是，爹媽們完全預料不到的模樣，正是青春期子女的模樣。如果不願意面對、正視孩子的改變，甚至要孩子表現出跟過去相同的模樣，那麼父母與孩子之間的關係就會漸行漸遠不斷惡化。孩子已經透過言行明顯散發出改變的訊號，家長若一直拒絕接收，雙方的溝通就只能中斷了。

因此，一旦父母判斷子女進入青春期，首先要表現出「包容」的態度。先試著將過去孩子那乖巧聽話的形象永久放生，擁抱正在改變中的他們吧！

曦允老師的溫柔叮嚀

您也被子女的青春期變化嚇到了嗎？

就像炎熱的夏天過後，涼爽的秋天自然會降臨。同樣地，孩子也會自然地進入青春期。雖然有些孩子會意識到自己的變化，但更多是無法察覺發生在自己身上的變化。因此，如果父母拒絕接受孩子改變的事實，或者被孩子的變化激起更大的情緒，孩子反而會對父母大發雷霆。

這種時候，對於親子關係，父母保持冷靜的態度是很有幫助的。「青春期的孩子會產生劇烈變化是理所當然的」如果父母能以這樣的態度來面對，處於青春期風暴中的孩子，才能藉以穩定自己的內心。請家長們以包容、冷靜的態度面對孩子，將他們養育成即便處在波濤洶湧中，依然能穩住自己的「衝浪好手」吧！

LESSON 02

青春期孩子的心思是世紀之謎！

在學校擔任班導時，我認為最麻煩的情況，就是孩子乾脆不來學校上學的時候。

「今天也不來學校上課嗎？」

一邊等待學生回覆訊息，一邊帶著微薄的冀望，盼著這些小傢伙來上學。坐我旁邊的老師則給了我一個忠告：「妳就放棄吧！沒辦法改變的事就是沒辦法啊！」

當時我在等待的，是一個性格開朗又伶俐的孩子。雖然開朗，但他還是覺得學校生活很無趣，不怎麼喜歡上學。再加上他和媽媽的個性差異很大，常常一起衝突就會跑去朋友家，也拒絕來學校上課。

這孩子多次對我說：「我在家準備檢定考」、「我要準備轉學了」，然後一而再、再而三的曠課。孩子的母親也搞不懂孩子為何如此。母親認為能給孩子的都給了，也沒有發生特殊事件，但孩子就是不想去學校，根本束手無策。

在我與學生母親接近一年的晤談裡，針對「孩子究竟為何會這樣」進行了許多討論，但仍然沒有找到明確的原因。直到某一天，我終於有機會解開這個謎團。

當時那孩子又無故曠課，我與孩子母親在電話中談了一個多小時後，她才小心翼翼地說，她猜到了一個會導致孩子如此的原因。聽著她嚴肅的語氣，讓我也不由得緊張起來。

「老師，我左思右想，可能是因為我懷孕期間吃了泥鰍吧！所以這個孩子就像泥鰍一樣，害我怎麼抓都抓不到！」我聽了之後捧腹大笑。

「原來如此！我們終於找到原因了！原來都是泥鰍害的！」我和孩子的母親就在電話中大笑了好一陣子，那瞬間，我想或許也稍稍緩解了她長期以來的鬱悶。

這位母親該有多煩惱，才會連懷孕期間吃過什麼都想起來了呢？

青春期孩子的行為往往難以預料。**比起先理解整體狀況再採取行動，孩子們更容易依照當下的心情來行動。**平時都準時到校、很關心操行分數的孩子，卻因為其他學校的朋友段考結束，就跟他們跑去玩了，還因為翹掉了社團課而被扣分。青春期的孩子就是如此令人摸不著頭緒。

事實上，即使是同樣年紀的孩子，也會因為各自的處境、想法不同而無法理解彼此。**青春期，是一段從根本上「尋找自我」的時期，在這個過程中，孩子會與他人產生對立是必然的。**

除此之外，以生理面來看，青少年之所以會衝動行事，與他們大腦的發展狀況密切相關，隨著年紀漸長，我們會逐漸利用位於大腦前端掌管思考的「前額葉」來分析資訊、下決定，然而青春期孩子的前額葉尚未發育成熟，是使用「顳葉」來判讀各種資訊，在做決定方面，更容易受到主掌情感、情緒的「杏仁核」影響。

因此，不要以成人的標準來判斷青少年的行為，請給予他們一些時間，他們的想法和行為都會逐漸成熟的。

人類的前額葉據說要到三十歲才會發育完全，但是我在學校任教時發現，

僅僅間隔一年，孩子們就成長、成熟了許多。

「這孩子有可能改變嗎？」

「不知道他能不能順利畢業……」

過去曾讓我如此擔心的孩子們，今年則是一次也沒有遲到，每天都乖乖到校、認真上課，想到這裡，總會讓我感動不已。

只要孩子能順利度過青春期，就會成長為優秀的大人。因此，**與其拒絕、害怕孩子們改變，不如多花一些心思去關注孩子們會出現哪些成長和變化吧！**即便他們依然重蹈覆轍著令人無法理解的行為，也不要輕易地去指責，改以溫暖的眼神來看待孩子吧！**意外地，當父母和教師將溫暖的目光投向青春期的他們時，孩子反而會開始反省自己。**

曦允老師的溫柔叮嚀

每當遇到愛搗蛋的小鬼時，我總會不自覺拉高嗓門大喊，直到嗓子都啞了時，又會開始後悔何必這樣大吼大叫呢？

想必家長們也和我一樣，一定有努力想理解孩子卻失敗的經驗吧？請不要苛責自己，畢竟在成為父母之前，我們也只是平凡人啊！收拾好心情後，再次和孩子對話吧！緩緩説明身為父母的心情，真誠地對孩子表達擔憂與關心，您可能會發現，孩子其實瞭解您對他的愛，對於狀況的理解也比想像中好上許多。曾在您心中浮現的那句：「我怎麼會生出這種傢伙啊？」也可能會隨著您對他有更多的瞭解，轉換成「果然是我的孩子啊！」的得意心情。

LESSON 03

國中是模範生、上了高中怎麼會變成打架王？

自古以來探討人性，主要分為三派，第一派主張人性本善；第二派主張人性本惡，但可以被教化；第三派則認為人的本性無分善惡。

我想起自己在準備教師甄試時，曾經突然想起某位老師說過的話。據說，在單純做教育研究的時期，例如攻讀碩博士時，都會傾向相信「人性本善」，然而，一旦有了孩子，就會因為被家裡的小怪獸給荼毒而改為相信「人性本惡」。

看著把家裡弄得一團亂、把紙撕得滿地都是的孩子，那瞬間，正是頓悟「人需要被教化」的時刻。然而，大部分的父母都是直到小孩進入青春期才領悟這一點。本來善良、溫順的孩子，卻在不知不覺中變成令人感到陌生的孩子，最可怕的是，我們不知道青春期這場風暴何時才會結束。

青春期的孩子就像走在「隧道」裡，父母要成為一盞明燈，讓孩子能夠順利走出隧道。如果父母沒有辦法做到這一點，可能會在某天忽然驚覺善良的孩子已消失無蹤，並為此感到後悔。

有個叫俊赫的孩子，在國中時期是個模範生，還擔任過學生會會長，國中畢業後，他去念離家裡有段距離的高職，也開始了外宿生活。朋友們常常跑去俊赫的租屋處玩耍，一群男高中生快樂地聚在一起，沒想到後來抽菸、喝酒、打架樣樣來。

俊赫的專長是跆拳道，還得到「出拳王」的封號，卻也捲入了許多打架事件，以酒和拳頭來消除內心徬徨的他，被記了越來越多支警告，甚至面臨退學的危機。

俊赫的父親希望孩子能順利畢業，於是來拜託學校，因此俊赫仍然拿到了畢業證書。沒想到俊赫畢業後依然很依賴酒精，變成了一喝酒就會失控、具有攻擊性的男性。當時俊赫的父母仍然相信，這位到國中都非常乖巧、認真讀書的小孩，上了高中後當然也不會改變，但現實非常殘酷，孩子可能在青春期出現極端的變化。

然而，與其把「青春期」視為不速之客，我認為可以換個態度來面對，在此時期產生戲劇性的變化並非壞事，相反地，只要好好度過這段期間，反而能讓孩子養成良好的人格。

我選擇擁抱青春期的孩子所產生的一切變化。說我是因為看見這些變化背後的潛力才會如此熱衷於教學也不為過。成年人能改變的幅度微乎其微，但青春期的孩子們具有許多可能性。因此，**別因為善良的孩子消失了而感到傷心，重點在於如何引導孩子朝向正向的轉變**。

• • •

我想起現在已經是大學生的孝珍，正在努力打工存錢的她，也有過激烈變動的青春期。

孝珍在高二時就向家人表示之後不想念大學，然後開始翹課、在外頭遊蕩，迷茫地過日子。她的母親為此焦急到罹患了中耳炎。

孩子在高二才開啟青春期的自我探索，這時周圍的人多半愛莫能助。不過，我決定寫封信給孝珍：

「孝珍啊，不讀大學也沒什麼不好，不過，老師想和妳分享，念大學的優點就是可以盡情享受自由的生活。我人生中最快樂的時期就是大學的時候，衷心希望妳也有機會體驗這段愉快的時光。」

或許這些話多少觸動了孝珍吧！孝珍後來順利地考完學測，也開啟屬於她的大學生活。現在的她，是個充滿活力與熱情的大學生，享受著這個階段的一切，彷彿不曾有過那些掙扎。

• • •

在孩子進入青春期後，通常父母會經歷三個階段的情緒變化。

第一階段是「驚訝、慌張」。因為無法預料孩子的改變而感到又驚又慌，**再來則是「失望」**。驚嚇的內心稍微平復之後，就會開始發覺自己費盡心力養大的傢伙實在「很欠揍」。青春期的孩子喜歡佯裝大人的模樣，事實上卻又為所欲為、聽不進父母的勸，身為家長，感覺付出的辛勞都白費了！因此，**最後一個階段會出現的情緒是「憤怒」**。

「那小子長大之後不知道會變成什麼樣！」

「他想要什麼都給他了，為什麼還會這樣呢？」

「那傢伙每天回到家就給我擺臭臉！」

身為家長，會火冒三丈是很自然的。有些爸媽甚至會忍不住對孩子大吼：

「你青春期了不起嗎？我更年期也很辛苦！」雙方簡直像要開戰。

然而，這種態度只會更加深與孩子的敵對關係。

我並不是無法理解父母的心情，但**希望父母能將情緒先放在一邊，暫且靜觀孩子的變化，這才是對現階段親子關係最好的應對策略**。

青春期就像是「成年禮」，孩子該經歷的部分，請讓他去經歷，才有機會通過考驗。有研究結果指出，青少年時期若沒有經歷青春期的反抗狀態，孩子會在長大成人後才經歷更嚴重的反抗。如果**父母的思維能夠調整為「青春期是孩子必經的考驗」**，那麼面對孩子，相信就能夠更加寬容和淡定。此外，當**父母能肯定青春期子女已經具有獨立的人格，並且對他們的意見予以尊重，就能夠縮短孩子的反抗期**。

曦允老師的溫柔叮嚀

男女合校的校園中總有很多CC（Campus Couple的簡稱，指校園情侶）。每當看到有孩子穿著校服大膽談戀愛、做出親密舉動，總會令我大吃一驚。不過，如果此時我的反應是：「你們現在談戀愛，要是被爸爸媽媽知道，就等著被扒皮！現在不好好念書，以後絕對沒前途！」孩子會怎麼想呢？

我肯定會被當作史前時代的原始人吧。出現這種情況時，讓學生們對於「有親密接觸為何會造成問題」，幫助他們建立正確的認知，才是更理想的應對方式。與其讓孩子們感到驚慌失措，甚至對周圍的大人們感到失望而疏遠，倒不如藉機好好說明。

LESSON 04

孩子和朋友吵架、悶悶不樂，我該做些什麼嗎？

在我擔任國二生的班導時，常常被孩子和父母之間爭執不下的狀況弄得心煩意亂。有時想著，父母若能多站在孩子的角度來思考該有多好，為此感到惋惜；有時又想，孩子沒有按照自己的期待成長時，父母內心會有多憂慮和心痛，為此感到焦急。

「老師，您知道他有這個狀況嗎？」

孩子在學校出了狀況，班導究竟知不知道呢？有些父母不免擔心地詢問我。每當我被問到這一題時，我的答案都是一樣的。

「是的，我知道。我一直有在關注。」

我會和孩子們維持親近的關係，所以對於他們的交友狀況，我是知道的，但就算知道也不會貿然介入，因為孩子們需要屬於自己的聯盟和空間。初任教師時，我總會想親自出馬解決孩子們的交友問題，因此總是戰戰兢兢的。每當我出現這種狀態時，我的心靈導師金成天老師都會如此開導我：

「張老師，不用在意。他們吵個幾天、很快又會和好的！」

一開始我並不相信這句話。因為在我看來，朋友之間的心結似乎會隨著時間流逝逐漸發展到無法解開的地步。但令人驚訝的是，當吵架的記憶越來越模糊後，孩子們又會笑嘻嘻地手牽著手、肩搭著肩出現，彷彿什麼事也沒發生過。類似的狀況經歷好幾次之後，我得到了一個結論：**大人們在解決孩子問題時，比起「介入」，更需要「觀察」。等到孩子們需要大人的幫助時，自然會主動找上門來。那時再給予適當的幫助，問題就能獲得解決。給孩子親自解決問題的機會和時間，也能提升他們解決問題的能力，**以結果而言也是好的。

但是大部分父母的立場都跟我不同。尤其是自己的孩子傷心難過時，身為父母卻無法幫上忙，那種心痛是無法用言語來形容的。

以美惠的例子來說，就是如此。

美惠在放暑假前夕跟朋友們吵架了。她再三向朋友們道歉，但朋友們都不願接受。當時我認為，美惠在暑假期間自然就會和朋友們和好。然而，暑假都過完了，孩子們依然沒有和解。僵局持續一陣子後，美惠似乎關上了心門，她認為自己已經道歉，也一直嘗試和朋友們好好相處，但是情況依然沒有改變，於是她公然表示自己不願意繼續努力了，甚至開始出現拒吃午餐的行為。

我得知這個情況後，與美惠的母親通了電話。孩子除了人際關係令人擔憂之外，還堅持餓肚子不吃午飯，這讓母親非常難過又焦急。

沒想到，過了幾天後，孩子們就像從沒吵過架那般默默和好了。美惠也一如往常，拒吃午餐的情形也消失了，母親非常高興。對父母而言，沒有比起孩子好好吃飯更重要的事了。想到自己的女兒整天挨餓，父母的內心會有多難過啊？

許多父母都像這樣，總是強忍著淚水陪伴著青春期的孩子。

和他人發生衝突，雖然對孩子而言是痛苦的，但也會成為他們大幅躍進的成長痛，只要記得這一點，我們就能夠儘量保持冷靜。父母並不能解決子女人生中所有的痛苦。為了讓孩子成為一個長大後能承擔痛苦的人，因此需要培養孩子的「生存力」。眼看孩子難過卻不去做些什麼，一定會令我們很煎熬，但更重要的是，**要在這段期間培養孩子自己為傷口消毒後、再次站起來的能力。父母若輕易地介入，反而可能使孩子的傷口變得更深、徒增彼此的痛苦。**

此外，最重要的是，父母不要因為孩子難過，就跟著一起難過。如果父母的狀態和孩子相同，孩子就沒有可倚靠的避風港了。**孩子們的「復原力」不容小覷，因此，即使一度很難過，也往往能很快忘懷、恢復開朗，這反而是大人辦不到的。**因此，**一味想承接青春期孩子的情緒的父母，會在過程中越來越無力，甚至會降低家庭關係的品質。**因此，希望父母不要過於陷入孩子的負面情緒之中。

「你很難過嗎？我也覺得很難受。」與其這樣表達，不如跟孩子說：「發生這樣的事情，會難過是很正常的啊！」以這樣的回應，稍微拉開距離，也是一種方法。此外，當父母相信孩子能好好解決問題時，實際上也真是如此，我見過這樣的案例多不勝數。

父母經常會認為青春期子女一旦出現問題，就是自己的責任，甚至因此導致夫妻關係惡化。

當子女沒有按照自己的期待發展時，有些較為權威或忙於工作的父親，便會遷怒於妻子，甚至質問妻子：「妳在家不好好教育孩子，都在幹什麼？」這種情況下，孩子的母親會遭受到雙重的痛苦。

除非是單親家庭，否則**孩子的教育責任應該由夫妻共同承擔。此外，當子女做出錯誤行為時，應該只專注於如何解決問題，而非追究夫妻彼此的責任。**子女感到辛苦、難受時，家長要與孩子先保持適當的距離，而非立刻介入，這不是疏遠孩子，而是為了支持青春期的孩子能獨立、能真正有所成長，這才是真正有智慧的父母。

曦允老師的溫柔叮嚀

有聽過「直升機父母」這個詞嗎？所謂的「直升機父母」，是指子女都上大學或出社會了，依然盤旋在子女身旁、干涉子女一切的父母。當父母過度關注子女，將子女的生活視同自己的生活，就會造成如此現象。這種態度並不能讓子女好好長大，反而會讓他們停留在青少年時期，難以自立。孩子的人生固然重要，但父母的人生也一樣寶貴。當父母過於深入地介入孩子的生活，可能也會對自己的生活感到茫然。

要成為心理師或精神科醫師，有一項必經的訓練，就是不能讓自己過度介入諮商對象的煩惱中，以免讓自己變得過於辛苦，反而導致無法做好這份工作。父母也是如此。子女和父母的牽繫雖然緊密，但並非是生命共同體。子女的事情就要交給子女自己決定，當子女感到辛苦時，需要的是父母的鼓勵，父母要做到的則是讓他們能獨自戰勝痛苦。家長和子女事實上是無法為彼此承擔痛苦的。不如將孩子養育成一個內心堅強的人吧！

LESSON 05

孩子脾氣暴躁、動不動就鬧事，怎麼辦？

我們班有個愛搗蛋的小孩，過去我常會致電給他母親，據說那位媽媽後來只要看到來電顯示是我，就會倒抽一口氣，於是我調整了方式，除非是緊急事件，否則我都會儘量先傳文字訊息給家長，之後再致電過去。

當孩子發生家長得親自到校一趟才能處理的事情，母親會有多心寒，孩子大概不太能感同身受。

• • •

那是去年發生的事。

在教務處門口，有位家長表明自己要找一年二班的班導，她是位留著短髮、身著裙裝，打扮俐落而端莊的中年女性。過了一會兒，這位等待班導出現的母親突然哭了起來，慌張的教務主任不斷詢問這位母親的小孩是誰，但她沒有回答，反而痛哭失聲。

最後，我們不得不將她引導至輔導室。在瞭解事情的來龍去脈後，才曉得這位母親並非我們學校的學生家長，而是隔壁學校的學生家長。她因為孩子涉及校園霸凌事件，慌忙趕到學校。雖然不清楚她的孩子做了什麼事，但我深深感受到這位母親的內心有多麼焦急。

青春期的孩子總是任性而為、難以顧及父母的感受。而爸媽為了替孩子收拾殘局，疲於奔命的模樣，孩子根本看不見。特別是因為校園霸凌事件或者違反校規，導致家長被告知必須到校一趟時，對子女的那份失望及愧疚感，實在難以形容。

• • •

所謂的校園霸凌，是指以學生為對象，在校園中，對於其身體、精神或財產造成損失的各種暴力行為。

韓國的善導委員會*（以下簡稱善導會），是在學生做出牴觸校規的行為時告知的審議組織。舉例來說，當學生對師長出言不遜、罵人、抽菸或染髮等做出違反校規的行為時，就能交由善導會處理。

校園暴力委員會或善導會的目的都是引導孩子們走向正途。不過一部分家長可能會誤會這類組織的功能，以為這是為了懲戒和處罰學生而設立的。其實，懲戒和處罰是其次，這類組織的積極目的是教育孩子、幫助孩子回到正常的生活。

多數青春期孩子的個性都很衝動。不過，也可能是起於荷爾蒙以外的因素，萬一孩子出現問題行為的頻率很高時，就必須適度懷疑孩子是否受到罹患「注意力缺陷過動症（ADHD）**」或「陣發性暴怒疾患***」的影響。若懷疑

---

* 譯註：亦作「教化委員會」。

** 注意力缺陷過動症（Attention Deficit Hyperactivity Disorder，簡稱為ADHD），是兒童精神疾病中最常見的一種疾病，一般兒童人口當中約有5～10％的人患有此病，男童較女童為多。ADHD是種以行為與學習上的困擾作為表現的疾病，患童並無任何身體不適，也不自知，故須靠父母師長發覺，協助其就醫。……「注意力缺陷過動症」主要有下列三大核心症狀：注意力不集中、過動、衝動。（資料來源：臺北榮民總醫院精神醫學部 衛教專欄「注意力不足／過動症」）

*** 陣發性暴怒疾患為一種衝動控制疾患。患者平時的個性多半平和，不喜歡跟人爭辯或衝突，但是在某些情況下，會突然暴跳如雷，不只會有言語的攻擊，甚至會有行為上的攻擊舉動（資料來源：https://www.reangel.com/Article.php?LI=163）。

孩子為「ADHD」，就要在適合的時間點就診，透過藥物治療與心理諮商來減少問題行為的發生。

有ADHD傾向的孩子難以控制脾氣，建議觀察孩子平常是否非常缺之耐心、易干擾他人，這時再讓孩子接受檢查為佳。被診斷為ADHD的孩子，通常能夠透過藥物等方式治療而大幅改善症狀。不過，無論是站在父母或孩子的立場，都不容易接受罹患ADHD的事實。孩子確診後哭著否認的樣子，令人心痛。

然而，一旦錯過治療時機，孩子的狀態就會持續惡化，也就失去改善的機會了。如果孩子是國中生，其實正是解決問題的最佳時機。因此，家長們別錯過了黃金時間，以免為時已晚。

•••

二〇一七年美國時代雜誌選出了全球30位最具影響力的年輕人，入選其中的韓賢敏*同樣也經歷過一段驚滔駭浪的國中時期。他的父親是奈及利亞人，母親是韓國人，生長在多文化家庭中。儘管膚色接近黑人，但他同時也是熱愛血腸湯的「正統」韓國人。在以模特兒身分出道之前，學生時期的他已視旁人的嘲笑為家常便飯。成績總是墊底、每天被同學嘲笑是「黑人」，國中生活過得非常辛苦。有次，他忽然沒來由的暴怒，接著便離家出走。他回憶道：「我發現媽媽在找我，看見她焦急的模樣，讓我有些難過，所以後來我主動回家了，也向媽媽道了歉。之後就再也沒有離家出走過了。」

其實賢敏媽媽的內心也很難受。看到兒子因為天生的黑皮膚而被欺負，她非常自責。不過媽媽心裡也清楚，就算擋得了一次外人的嘲笑，也無法抵擋每一次，所以她選擇放在心裡。在看到兒子出現不良行為時，她也會堅定地指正。此外，當兒子放學回到家時，媽媽都會對他說：「兒子，你是特別的孩子！」讓他不因此自卑，反而增加了自信。在媽媽的堅忍之下，韓賢敏克服了對外表的自卑，成為韓國具指標性的模特兒。由於從小生長在多文化家庭，這背景也成為他往海外發展的助力。

為了讓孩子成為更偉大的人，有時家長需要保持冷靜，有時則更需要用堅毅的心溫暖以對。

＊譯注：韓賢敏為韓國非裔模特兒。

曦允老師的溫柔叮嚀

站在家長的立場，光是聽到孩子惹事生非的消息，大概就已經眼前一片黑了。除此之外，家長會焦急、生氣、難過是當然的，不過，相較於感情用事，如果我們能先緩和情緒、讓自己穩定下來，才有機會引導孩子走向對的方向。

此外，也建議以您對孩子的瞭解，再決定要訓斥或是安撫孩子，千萬不要因為自己的情緒而讓理智盡失。

LESSON 06

我的孩子被霸凌了嗎？

「我就中二，怎樣？」

青春期的孩子常會用無所謂的語氣，表現出自以為了不起的樣子，因而衍生出了泛指這個狀態的「中二病」一詞，據說這個詞彙首次出現於日本某個廣播節目，由演員伊集院光所發明。為什麼偏偏將青春期的時機點定為「中二」？想想也挺有道理的。

因為，剛升上國一的孩子，離開待了六年的小學，開始適應陌生的國中階段，看到學長姐很自然地會感到畏縮。而已經升上國三的孩子，離高中階段近了，而且下面還有兩屆學弟妹，自然會出現「不能隨便亂來」的責任意識，表現相對穩重。至於夾在國一、國三之間，像三明治般的「國中二年級」（中二）的孩子們，正是最徬徨不安的階段。

而二〇一七年，在韓國可說是專屬「中二生」的一年。

那年發生了一件震驚社會的事件，有兩名15歲的女學生，用鐵架和椅子殘忍地毆打一位學妹，時間長達兩個小時，甚至還上傳受害者照片到網路上炫耀。人們看到渾身是血的女學生跪倒在地的模樣，不禁瞠目結舌。如此恐怖的舉動，竟然是國中生做出來的，這件事震驚了社會大眾。身為父母，我們究竟該如何教養孩子呢？而這起事件也讓「廢除〈少年法〉*」成為當時的熱門話題。

得知這樣的新聞時，家長們往往會心生恐懼，擔心自己的孩子會不會也淪為受害者呢？又或者，孩子會不會在不自覺的情況下，成為霸凌事件的加害者？老實說，沒有人可以掉以輕心。

為了防止自己的小孩變成霸凌事件的加害者或受害者，唯一的方法就是要「隨時留心子女的狀態」。特別是以下三個面向，父母需要仔細觀察。

第一、要觀察子女的心理狀態。

青春期會經歷情緒上、身體上的急遽變化。青少年很難管理好自己的情緒，對於跟自己價值觀衝突的部分，就會用「很煩」這字眼來表達。雖然在青春期感到煩躁是稀鬆平常的事，但如果過於頻繁或時常感到焦慮或情緒低落，就會構成問題。

例如，當孩子不斷跟我們索討金錢，而當我們指責他時，他卻表現出很厭煩或拒絕溝通的模樣，那麼有可能是因為孩子遭到身邊同學的金錢勒索。另外，如果孩子持續表現出覺得要去上學很痛苦，或經常以生病為藉口不去上課，那麼學校裡可能發生了某些狀況；甚至，如果孩子已經是厭惡上學到難以理解的程度，那麼孩子很可能是在校的人際關係方面出了問題，請留意孩子是否有被排擠的情況。

第二，留意孩子身上是否有傷口，並協助孩子建立正確「性」知識。

很多國、高中生，就算被人欺負也不願意告訴任何人。因此，父母平常就需要與孩子親近，留心孩子身上的傷口。此外，為了讓孩子珍惜自己的身體，加強「性教育」也是必要的。應該要**提早讓孩子建立對「性」的正確認知**，也讓孩子瞭解當遇到「**性騷擾**、**性暴力**」時，我們會陪伴他一起面對，這樣孩子

＊ 韓國少年法之出發點，是基於未成年人沒有能力或幾乎沒有能力去了解自己行為的不當。但批評人士表示，這種推論是錯誤的，因為就算是兒童，也必須為自己的罪行負責。依南韓現行少年法，未滿14歲的犯罪者無法被判刑入獄，未滿19歲的犯罪者則不會被判處20年以上有期徒刑或死刑。資料來源：（自由時報〈韓國民眾震驚！小學女童殺害同學 未滿14歲免起訴〉）

才有機會主動告訴父母。除此之外，事先告訴孩子**避孕**的方法也同樣重要，以免孩子在被強迫的狀況下懷孕。

第三，要觀察子女的交友情形。

對於「觀察子女的朋友」，並不是要求子女「交像樣的朋友」。結交朋友，是孩子理解、體驗人際關係的方法，即使孩子跟朋友吵得不可開交，也可以藉此學習「與他人和好」的方法，透過與他人交往，孩子才得以累積對於愛情和友情的經驗與體會。在這之中，**父母要做的是從旁觀察，以避免他們因過度受挫而跌倒**。

當我們長大成人、出社會，會遇見各式各樣的人。在學生時期只要跟好朋友感情好就行了，但出社會後，我們會遇見比自己的見識更廣、來自各地的人，也可能出現相處上的磨擦。人際交往經驗不足的人，在出社會後可能會因為與他人相處的過程受挫，在職場上也變得畏縮。因此，讓孩子在青春期經歷人際關係的問題，並非一件壞事。

●●●

撫養青春期的孩子，是一段家長可能與孩子同床異夢、同時不斷修練內在的時期。此時雖然青少年的身形已接近成人，但想法卻是在孩子和成人之間擺盪。

男孩們毫不害羞地相互比較彼此的身體，還會笑嘻嘻地討論「哪個部位有毛？哪個部位沒有毛？」女孩子們則會畫濃妝、超級在意同儕的視線和反應。雖然身體長大了，但內心還沒有變得成熟，會出現各種狀況也是理所當然的。

然而值得慶幸的是，這些總會過去。

我所教過的，這些如同颱風般的孩子；曾經髒話總掛在嘴邊、離家出走、曠課、使用暴力、出現種種問題的孩子，伴隨時間的流逝，現在他們都成為了很體面的準畢業生，即將升上高中。看起來有禮、乖巧，讓人懷疑他們真的曾經惹出那些事端嗎？而**過去會互抓頭髮、打架的小傢伙們，後來卻成了最好的朋友。**

我想安慰擁有青春期子女的父母們：**雖然很痛苦，但青春期的「症狀」就如同午後雷陣雨一般，總會停止的。**

曦允老師的溫柔叮嚀

「一定會過去的！」

也許您的子女正值青春期、有嚴重的「中二病」，但我期盼各位家長能牢牢記住這句話。只有極少數的孩子的中二病較難痊癒，大部分的孩子都會在一、兩年內結束。就像雷陣雨一般，看似不會停歇，卻總是戛然而止。同樣地，跟孩子搏鬥到某一天，名為「青春期」的烏雲就會散去，溫暖的陽光會再次照耀大家的。

LESSON 07

孩子狀況百出，到底怎麼了？

幾年前有部非常受歡迎的電視劇叫《學校2013》。這部劇充分反映出約聘教師的心酸，當時的我很認真看完了整部電視劇。其中最引人注目的角色，是一個叫「吳正浩」的流氓學生。他很愛欺負同學，還會偷同學的錢。

當班導發現正浩都沒來學校，為了瞭解他長期缺席的原因，一連好幾天都去他家拜訪，但別說見到正浩了，連他的父母都見不到。而後，班導透過酒精中毒的學生父親，瞭解到正浩一家分崩離析的事實。

正浩的母親和哥哥都因為受不了父親的暴力而離家出走，而從未感受過家庭溫暖的青春期少年吳正浩，終究成為高中退學生，從電視劇裡退場。

我是直到得知正浩家裡的情況後，才理解了正浩在劇中的言行舉止。其中有個場景，讓我久久難以忘懷。

教國文的班導讓正浩留在教室獨自寫詩，那時正浩的臉上很是不滿，只在紙上寫了「寫詩能有什麼用？」便離開了教室。

正浩從一開始就知道，寫詩並不能解決自己悲劇般的家庭狀況，也沒有人能幫助自己。這真是令人痛心的事實。

雖然不是每個有家庭問題的孩子都會成為問題學生，但正值青春期的孩子，若是家庭狀況不穩定或情況層出不窮，往往也會難以安定自己的內心，因而變得不幸。

如果夫妻關係明明不圓滿，卻為了孩子而勉強維持著關係，或是夫妻為了現實因素而不得已分居，都會對孩子造成不良影響。因為，在一個家庭中，爸媽的幸福和孩子的幸福同樣重要。

孩子們如果常常看到父母吵架，就會時不時感到不安。因為世界上他最愛的兩個人正在爭吵，這件事就是最大的恐懼和壓力。

為了避免這樣的事情發生，父母不該在孩子面前吵架，夫妻雙方應該努力持續溝通，或尋求諮商的協助。如果無法避免爭吵時，要思考如何在不得已的情況下，儘可能降低帶給孩子的傷害。如果夫妻已經決定要分開，過程中一定要考慮孩子，並讓孩子理解。即使「夫妻」緣分已盡，但「父母」的連結仍需要維繫。

「老師！我真的懂了，有問題的孩子背後就是有問題的父母。」

徹秀的媽媽邊哭邊對我說這句話。從私人家教到正規教育，我接觸過許多孩子，徹秀是我遇過的孩子中狀況最嚴重的。在高三大考前一個月還跟媽媽吵架、離家出走，當時真的令人傷透腦筋。

徹秀從小就讀很多書、理解力很強，是學識豐富的孩子。不過他有個致命性的問題，那就是他時常帶頭對別人暴力相向。

他會肆無忌憚地調侃身為家庭主婦的母親，說出「妳的命真好」等話語，如果媽媽勸阻他打電玩，他就會對媽媽撂髒話。爸爸知道這狀況後，就開始用棍子打他。也許是因為爸爸的體罰帶給他更大的痛苦和恐懼，他會利用爸爸不在時向媽媽洩憤、頂撞媽媽，媽媽也在不知不覺間越來越害怕兒子。

之後我才明白徹秀媽媽那句話的涵義。徹秀之所以會對媽媽做出不當行為，是媽媽的過度容忍造成的。

由於徹秀從小身體虛弱，儘管媽媽為他付出了一切，身為長子的他卻視為理所當然。媽媽給徹秀所有可能的學習資源，但徹秀卻對念書感到厭煩。後來徹秀讀國二時，第一次對媽媽罵髒話。當時媽媽只是心想：「好啦，我知道你念書很辛苦。就讓你發發脾氣吧！」並沒有堅定地制止他。沒想到，徹秀經過那件事之後，就變成了會欺負母親、輕視母親的孩子。母子關係持續惡化。

當初媽媽如果沒有強迫他念書，或是在他做出問題行為時就嚴厲地斥責他，母子關係應該會好轉。如果能謹守親子間的基本倫理，或許不至於演變為今天的局面。

• • •

孩子的問題，就是父母的問題。就算那習慣很微小，孩子也不可能不受到父母的影響。例如孩子會偏食，就要觀察父母的飲食習慣。

有位媽媽曾經向我抱怨，她希望孩子能多吃富含DHA的魚類，但孩子都不吃。我問她一週煮幾次魚呢？她回答：「因為魚的腥味很重啊，所以我不太煮魚的。」讓我哭笑不得。我很想跟她說：「媽媽，要吃過魚的人才會懂得去吃魚啊！」但我忍著沒有說出口。

孩子出現問題行為時，往往不需要大老遠地尋找原因。父母在檢視孩子之前，想想自己是否在不知不覺中影響了孩子呢？當父母先意識到這一點，就能真正改變孩子的問題行為。

曦允老師的溫柔叮嚀

您希望孩子未來能孝順自己嗎？那麼，父母只要先展現「善待自己父母親」的模樣即可。如果將孩子放在比自己父母親更優先的位置，那麼將來孩子也會把自己的子女看得比父母更重要。

父母自己要先努力成為好榜樣，因為孩子的未來，很可能就是父母的縮影。

LESSON 08

孩子是青春期到了？還是憂鬱症？

「自殘」和「自殺」一直都是中學校園裡的熱門議題。學生的自殘或自殺事件，牽涉範圍可能不僅止於校園內，因此各學校單位都花費許多心思在有潛在風險的學生管理上。據二〇一六年的統計結果顯示，韓國9歲至24歲者的死因第一位是蓄意自殘（或自殺）。可見，自殘或自殺已經不是特定孩子的問題，而是延伸至整個社會的問題。甚至有民眾聯署請願，要求政府設法阻止青少年自殘。

・・・

近期自殘和自殺人數暴增的主因就是社群媒體。有越來越多的孩子透過Instagram或Facebook等社群媒體來展現自殘行為，並藉此訴說自己的困境。甚至還出現了有自殘經驗者才能加入的網路社團等，無形中更加引發社會大眾對自殘的好奇，並形成了一股煽動自殘的氛圍。

孩子即使不是重度憂鬱症患者，也可能選擇自殘或自殺；成績優異的孩子，也可能因為無法緩解學業壓力而傷害自己；表面開朗的孩子，也可能因為無法承受內心的孤獨和憂鬱而走向死亡。離死亡很接近的孩子，或許就在我們身邊，因此，**教師和父母必須多關注孩子們的情緒變化**。

除了情緒上的變化之外，自殘最容易出現的部位是在**手上**，最常見為多次劃傷手腕或用尖銳物品戳傷手掌等。剛開始的時候並不明顯，**隨著時間的推移，自我傷害的行徑也會越來越大膽**。我曾看過有青少年拍下鎖骨附近自殘傷口的照片，並將照片上傳至社群媒體作為證明。

之所以會反覆、甚至越來越嚴重地自殘，原因在於**自殘具有成癮性**。**自殘可以視為孩子正在對外發出「我覺得好累！」的訊號，同時也是在炫耀自己藉由自殘的手段克服了困難等，蘊含著多重意義**。由於自殘會帶來微妙的快感。因此，許多青少年踏出自殘的第一步就逐漸陷入其中，難以自拔。

精神醫學專家與心理師異口同聲地表示：「自殘是難以預防的。」如果大家都宣導「不要自殘」，反而會激發孩子更強烈的自殘欲望。與其這麼做，不如持續關注出現自殘行為的青少年，理解他們內心所想，理解其自殘的背景，

並且同理他，這才是更有幫助的。而且，應該引導孩子透過「言語」、「文字」、「**美術**」、「**戲劇**」等表現方式來表達自己的情感，而不是自我傷害。

回想起來，大學生時期的我也曾有過自殘的經驗。過去的我，只要一有壓力就會去穿耳洞，穿完耳洞雖然會感到刺骨的疼痛，但也因為會意識到那股疼痛，因此對其他事情的感受就會變得遲鈍，這讓我得到了慰藉。身為家裡的長女，我不習慣表達自己的想法或苦衷，但是成為大學生後，我再度進入了無限競爭的體制裡，當時的我承受著巨大的壓力，於是我選擇了穿耳洞作為發洩的出口。一次穿一個耳洞成了習慣，最後我的耳朵上就出現了九個耳洞。

自殘的孩子很可能就像過去的我一樣，只是不太習慣表達內心的想法。此外，很多時候，他們不認為或不曉得自己是值得被愛的。如果您的周圍有這樣的青少年，**請輕輕地給予他們安慰：「你可以表達你的感受，沒關係，因為你值得被理解。」**

• • •

與自殘一併存在的問題，就是自殺，其中，青少年自殺率並不亞於成年人的自殺率。自殺的行動可能源於急性壓力症，或是慢性憂鬱。

急性壓力症＊是指經歷或目睹創傷事件後出現的不適應症狀，是一種不安的心理狀況，例如經歷被孤立、暴力、性侵等特定事件的孩子，會感受到巨大的罪惡感和絕望感，甚至會引發極為負面的想法，認為自己的人生已經完蛋了。他們會極度地憂鬱、不安，並且認為自己除了自殺之外別無選擇。急性壓力症需要透過周圍的人攜手合作、共同治癒。

除此之外，青少年因慢性憂鬱導致自殺的情況也不少。有些人會說：「他們只要好好念書而已，有什麼好憂鬱的？」由此反應就能瞭解我們的社會仍然缺乏對青春期孩子的理解。**青少年憂鬱症**的症狀與單純的情緒化有所不同，由於是在青春期發生，不太容易被察覺。患有憂鬱症的青少年，**會表現出持續的情緒低落，並伴有嗜睡和其他身體症狀（腹痛、頭痛、睡眠障礙等）**。

此外，只有極少數的青少年單純出現憂鬱症狀，多數會患上雙極性疾患，也就是**躁鬱症**。**心情稍微好一點時，孩子就高興得像飛上了天，但心情稍微差一點時，就像掉入無底深淵裡。當孩子在睡眠、飲食、人際關係等方面遭遇困**

＊ 急性壓力症（Acute stress disorder，簡稱為 ASD），因一個人經歷極度的創傷壓力事件而出現害怕、無助感、恐懼感等反應，而達到病態的程度。

難時，往往內心已埋藏了深深的憂鬱，請家長務必留意。

青少年憂鬱症的治療分為三個階段，最重要的是第一階段，是諮商與檢查階段。首先透過心理諮商與心理衡鑑，瞭解孩子憂鬱的情形是否到了必須接受專業治療的程度。另外，還要透過檢查來確認孩子的現狀，每個孩子的情況都不同，若憂鬱情況嚴重，也可能使得大腦功能退化、影響到智力。相反地，若發現孩子的智力出現問題，也必須同步確認孩子的心理狀況。

第二階段是藥物治療階段。如果被診斷為青少年憂鬱症，僅靠諮商治療是不夠的，也要透過精神科醫師獲得藥物處方，同時進行荷爾蒙治療。藥物治療則需要持續一段時間，才能達到成效。

最後則是家庭諮商階段。青少年罹患憂鬱症，主因大多來自家庭問題。在這種情況下，如果透過心理諮商的協助可以改善家庭內部問題，往往青少年的憂鬱症狀也能得到改善。青少年憂鬱症的成因複雜，因此要動員一切可行的方法來治療。然而，施行上並不容易。

對導師而言，最棘手的情況是當孩子出現情緒問題、家長卻不願意協助的時候。如果教師或周圍的人比父母更早發現孩子的狀況，希望父母能試著接受這個事實，並讓孩子接受詳細的檢查。有些父母擔心家庭問題會因孩子的狀況而曝光，但青少年憂鬱症的問題，非常需要全家人共同面對與努力。

曦允老師的溫柔叮嚀

一般人都認為自殘和自殺屬於同樣的範疇，然而本質上有其不同之處。有自殘行為的學生，連結到自殺行為的比例偏低。由於自殘是以一種獲取快感為基礎，向他人表達心情的同時也希望被理解的行為。相反地，自殺則是失去生存欲望的表現。

當孩子被診斷罹患青少年憂鬱症時，也需要接受藥物治療，但開始治療，並不代表病狀會立即好轉，由於需要花費時間找出對該名學生有效的藥物，因此這段期間孩子的狀態會時好時壞、反覆無常。因此，不可因為已經委託專業醫師治療就放任孩子不管，建議父母能持續觀察，並同步讓孩子接受心理諮商。

孩子的真心話

曦允老師VS.學生多英的對談

#戀愛 #夢想 #中二病
#父母 #麻煩 #大人們
#受傷 #任性

多英：各位大家好！我是曦允老師最可愛的女兒多英。

老師：我可愛的女兒多英，我們之間就不用太客套了，我就直接問囉！請問，妳對國中生談戀愛有什麼看法呢？

多英：這個問題好像離我很遙遠（笑），但我覺得只要不越線就沒關係。

老師：那條「線」，是指什麼呢？

多英：我覺得大概只能維持在單純牽手的程度吧？不能出現性騷擾的言論和過度肢體接觸，在尊重彼此的情況下談戀愛。

老師：原來如此。那麼多英會羨慕什麼樣的人呢？

多英：嗯，我想到兩個人，一位是三星會長李健熙，因為他很有錢。另一位是和我一起考上藝術學校的學生。

老師：喔？妳為什麼羨慕他們呢？妳也考上藝術學校了啊！

多英：是啊，我有考上文藝創作科，但是我好像沒有很想要努力做出什麼，感覺不到那股熱情，但又覺得我應該要做什麼才對。有同學說要主修詩歌，有人想主修劇本創作、然後再去某知名大學深造，但我沒有具體的計畫，也沒有像他們那樣積極的心情，所以很羨慕他們。

老師：妳也可以再想得具體一點呀！可以試試看寫劇本或電視劇，以妳最喜歡的姜丹尼爾為主角寫寫看！

多英：（笑）我也想那麼做，說實話，我想做的事情好像太多了，所以沒辦法只做一件事。

老師：啊哈，原來是羨慕擁有明確目標的同學啊！

多英：是的，沒錯。

老師：好，接下來這一題是對每個人都會問的。妳覺得自己的中二病時期是什麼時候？

多英：我好像是從去年國二的時候開始的。從去年開始，覺得自己情感變得比較細膩豐富，也是從那時候開始會寫點東西。大家似乎認為中二病就是不好的，但我的感性因此找到了出路。當然，我也有過一段會裝出一副「自己什麼事都可以辦到」的時期，也跟妳起過衝突。

老師：哇，這真的是對中二病的新觀點啊！提到和我起衝突這件事，妳有沒有想要對我說的話呢？

多英：嗯……就是「我愛妳，謝謝妳，對不起」吧？這些話雖然很老套，但是好像沒有比這個更能表達真心的了。啊，我快哭了……

老師：（拍拍）我知道妳很感謝我，不過，為什麼會覺得對不起我呢？

多英：因為我那時候有很多問題，就算不是那樣，也因為我，一直以來都辛苦妳了。

老師：原來如此，多英很乖啊！我也想知道，多英曾經被大人們說的話刺傷嗎？

多英：最近的確是有。就是我很自豪自己能考上藝校，可是聽到有人說：「妳為什麼要去念那裡？學那些東西沒有用啦！」當時聽了之後，雖然沒有直接表現出來，但是心裡覺得很受傷，我受到了打擊。我知道那個人的意思是說，比起念藝術高中，考上好大學更重要，但是他說的太直接了，讓我很難過。

老師：雖然對方說的某方面來說也對，但沒辦法被大大理解，讓妳很傷心吧！同樣身為大人，我也不自覺對妳感到很抱歉……。

接下來是最後一個問題。多英有話想對這本書的讀者說嗎？在讀者當中，或許有不少青春期子女的家長。

多英：進入青春期之後，孩子可能會說出難聽的話或做出惡劣的行為，但我覺得他們並不是發自內心，只是因為希望他人能更瞭解自己、接納自己，但又不知道該怎麼表達，所以才會這樣做。面對他們任性的態度和作為時，我希望大人們不要太傷心或自責，並不是大人的錯。

CHAPTER 2

掌握和青春期孩子的最佳距離

【機智行動篇】

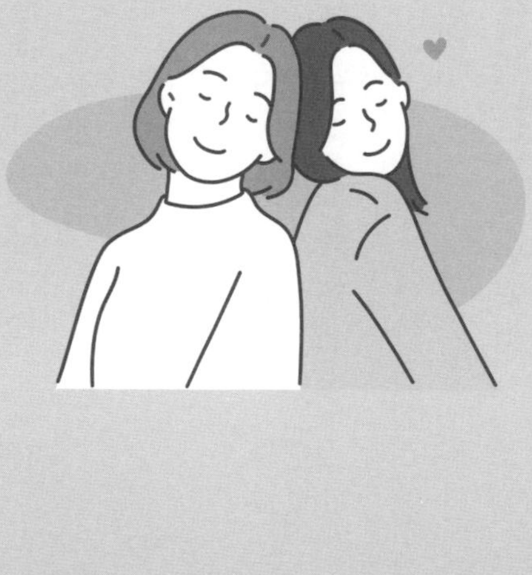

LESSON 09

「剛剛好」才是與孩子最近的距離

有段時間我很勤快地到健身房報到，很認真地進行增肌和有氧運動的循環訓練。原因是我很欣賞那間健身房的負責人，雖然她年過七旬，仍然充滿活力，是位豪爽的女強人，本身也是健身教練的她，透過循環運動訓練找回了健康，後來則成為運動推廣大使。她的存在，讓我也想成為一位像她一樣永遠保持活力與朝氣的女性。

因為彼此投緣，所以我也常約她喝茶聊生活。

某一天，我們聊到了「人際關係」這個話題。那個時期的我覺得自己是「乙方」，被「甲方」蠻橫的行為折磨著，聽完我的狀況後，她向我說了這番話。

「曦允啊！即使妳是『乙方』，也不需要在對方面前示弱！」

就算是不得不分出「甲方」與「乙方」的時候，「乙方」也沒有必要示弱。確實如此，也許好人都有自卑情結？但如果「乙方」過於低姿態，人們就不會認為他是「好人」，而是「好欺負的人」了。就算處於劣勢，但只要我堂堂正正地面對，對方也會因為我的態度而不敢張牙舞爪。

剛剛好的姿態，不過於自大或自卑，其實是維繫所有關係的秘訣。

父母和子女之間的關係也是一樣。尤其是子女正值青春期的親子關係，很多時候反倒是子女成了「甲方」、父母成了「乙方」。父母不只供子女吃飽穿暖，而且沒有父母的「同意」，子女能做的事情並不多，但為什麼父母依然處於「乙方」的位置呢？

這是因為父母過於低姿態的緣故。如果父母持續用哀兵姿態來面對子女，等到子女度過了青春期，父母就可能會面臨進退兩難的局面。

孩子一方面不聽父母的話，一方面又對父母要求東、要求西的。身為父母，雖然心裡不想答應，但不答應，又會覺得自己沒盡到身為父母的責任，於是只好妥協了。如同啞巴吃黃連般，能給孩子的都給了，但孩子別說感謝了，甚至還以更自私的態度來對待父母。這些小傢伙一直拿青春期當作擋箭牌、予取予求，身為父母，實在太為難了。

相信每位擁有青春期子女的家長都會有類似的苦惱。問題的原因正是因為不懂得如何給予「剛剛好」的愛。若想要避免淪為「乙方」，家長就需要學會付出「剛剛好的愛」。

「剛剛好的愛」應用①：不要凡事都順孩子的意

如果一切都順著子女，孩子們就會認為這些都是理所當然的，不知不覺就會展現出「甲方」的姿態。例如，家長為了接送從補習班下課的孩子而等到凌晨；為了讓子女專注在課業上而把電視搬走等。當父母為了孩子放棄一切生活的瞬間，就註定會成為乙方。

「照顧子女」和「凡事都順著子女」是全然不同的。

提供子女必要的支持是「照顧」，凡事以子女的意思為準則就成了「寵溺」。父母可以接受子女的請求，只是沒有必要「全部答應」。孩子必須要明白，這世界上不可能所有人都對自己說「Yes」，因此父母要適時地拒絕。從未被父母拒絕過的孩子，未來遇到他人拒絕自己時，很可能會難以自處、甚至情緒崩潰。因此，有必要透過適當的拒絕，讓孩子認知到，這世界無法滿足他所有的要求，這也是理所當然的。

「剛剛好的愛」應用②：要堅持立下的原則

有時候父母會跟孩子約定，如果準時回到家或者成績進步，就會多給一些零用錢，或是幫孩子換新手機等，即使孩子最後沒能遵守約定，有些父母還是會給予獎勵，就如同推銷員沒有好好推銷，顧客卻還是買單了。如此一來，父母在孩子心中變成了「濫好人」形象，處於這種情況的父母，可能經常覺得被子女吃定了。

我的建議是，當孩子們沒有做到約定事項時，父母就不要給予獎勵。「如果這是你想得到的獎勵，就要有強烈的決心，告訴自己一定要達標。沒有做到，就不會有獎勵。」父母偶爾需要擺出堅定的高姿態。

例如在跟子女「協商零用錢」等方面時，與其答應孩子全部的要求，不如以「有條件、有代價」的方式，提出子女應該履行的行為條件。另外，引導孩子們主動提出條件，並且接受孩子提出的部分條件也是方法之一。透過這些過程，父母對子女的「剛剛好的愛」就能展現其教養意義。

與子女進行「協商」是極其重要的教育方法。現代社會存在無數的利害關係。如果在家庭裡也能讓孩子理解，關係並非透過單方面的妥協和犧牲來維繫的，以後孩子在其他的利害關係、或者與他人的關係裡，就會懂得兼顧自己的需要，成長為一個能適當地為自己爭取的大人。

「剛剛好的愛」應用③：管教要拿捏節奏

有些家長會對孩子「高壓管理」。然而，好的教養就像好音樂一樣，都是需要節奏感的。許多優美的音樂，一開始都是以微小、輕盈的旋律開場，在樂曲高潮時才變得強烈激昂，最後以回味無窮的餘韻結尾。家長也需要有這般的智慧，將這種節奏感運用在與孩子的互動上。

如果不斷對孩子說：「快去讀書！」「快去補習！」「快去寫作業！」，如此「命令、要求、強迫」孩子，孩子的生活就像持續聽節奏很強的音樂般，不僅沒有機會整理思緒，還會一天比一天疲憊，當然也無法對父母做出好的回應。因此，面對孩子時，**請試著在「強烈要求」之間，穿插溫柔的「請求」或「稱讚」**吧！維持著類似「強弱弱、中強弱弱」這樣的tempo吧！這麼一來，與子女之間的關係一定會和諧許多。

親子關係，其實和戀愛關係很相似。談戀愛時，假設兩個人滿分的愛是100，並不會有一對情侶恰好是「50：50」，終究會有一方愛得多一些，那一方在關係中無可避免會成為「乙方」。

然而，許多爸媽生來就是「乙方」，我在此真心地建議：透過給予「剛剛好的愛」，成為一個能揚眉吐氣的「乙方」吧！意外地，這也是能避免與青春期子女為敵的生存祕訣。

曦允老師的溫柔叮嚀

大部分的年輕教師都可以與孩子相處融洽。但若只是一味地對孩子好，就可能會變成「濫好人」；相反地，若只是一味嚴格指正孩子們，就可能被視為「老頑固」。透過給予「剛剛好的愛」，可以消除關係裡的緊張感，是教養青春期孩子們的重要原則。

不懂得「有限度的付出」，在職場上會吃虧，談戀愛時也是。對待青春期的孩子，與他們的距離不要太遠、也不要太近，維持一個恰恰好的狀態，給予一些引導，但不是命令；給予一些支持，但不是對他們言聽計從，這才是能幫助孩子順利走出青春期隧道的關鍵，甚至，我們能成為孩子生命中不可或缺的摯友。

LESSON 10

讀懂支支吾吾、口是心非的「青春期語言」

我們在溝通時使用的方法大致上分為三個種類。第一種是「語言溝通」，第二種是「非語言溝通」，第三種則是「副語言溝通」。

「語言溝通」是指以詞彙或一句話等形式來傳達訊息；相反地，「非語言溝通」是指語言以外，例如以動作、表情、穿著等來傳達訊息。有時「非語言溝通」甚至可以超越「語言溝通」。例如即使一個人回答「好」，如果他的表情不大自然，我們也能察覺到說話者並非心甘情願。

最後一個則是「副語言溝通」。「副語言溝通」結合了「語言溝通」，研究說話時的聲調、語調、重音、音韻等變化所賦予的細微意義，有助於強化「語言溝通」。

正值青春期的孩子們有時態度很像雙面人。雖然語言上傳達的內容是「Yes」，但如果孩子的表情和語氣是負面的，那麼他們心中想的很可能其實是「No」。因此，若想確認孩子是否正值青春期，家長需要同步觀察孩子的

「語言、非語言、副語言溝通」，尤其是說話的語氣、表情和聲調。

「兒子，過來一下。我們聊聊吧！」

「幹嘛？我沒有什麼想聊的啊！」

如果與子女之間的對話已經轉換成這種模式，就代表子女的青春期已經開始。**如果有一天，過去樂觀開朗的孩子，突然用冷漠又冰冷的語氣和我們說話，那就需要細心觀察，最近孩子是否壓力大，或者父母是否不自覺說了傷害孩子的話。當孩子說出「你不會懂啦！」這種防衛感強烈的話語，雖然有可能單純是為反抗而反抗，但也可能是來自孩子內在的防禦機制。**

• • •

我記得自己當年升上高一後，覺得數學突然變得好難，陷入了苦戰。當時媽媽很擔心我，於是讓我去一間剛開不久、小班制的精銳補習班。不過，那間補習班的班主任有一點奇怪，過了很長一段時間後，我才發現他的行為就是性騷擾。

在某個夏天，有次我穿著短褲，沒意識到褲子的拉鍊掉到一半，班主任看到這畫面，竟然露出了微妙的笑容，還對我說了一個近乎性騷擾的玩笑。此後，他常常做出碰觸我的肩膀、膝蓋等輕微的肢體接觸，但我覺得很不舒服，於是我開始不想去補習班。去補習班就會見到班主任，這對我造成了巨大的壓力，但我卻沒有開口跟媽媽說。

當時的我覺得媽媽一定會責怪我：「妳就是常常沒整理好儀容就走出門，所以班主任才會那樣說吧！」「我花那麼多錢送妳去補習，妳不好好讀書，光會花心思在一些奇怪的事情上！」

後來，我直接對媽媽說，我不想去補習了。記得當時媽媽對我大喊：「連補習班都不去，妳的數學怎麼會進步？」而我始終沒有解釋原因，只是一味大喊：「我就是不想去補習！」

由於我的態度很強硬，最後媽媽順了我的意，我終於不用再去那間補習班了，當時的我覺得媽媽很無情，一點也不瞭解我內心的想法。儘管如此，當時的我還是一直期待著媽媽能耐心地詢問我原因。

如果您的孩子也如同過去的我那般，常常什麼話都不說，希望各位可以再給孩子一次機會，豎耳傾聽孩子的聲音，耐心地瞭解孩子話語背後的原因。

那天，一直都很聽話的學生英浩，突然來辦公室找我，對我說：「從現在開始我要變壞囉！」然後就自顧自離開了。剛開始我以為英浩只是在鬧脾氣，但他開始越來越頻繁地遲到、表情也越來越陰沉，我猜想他肯定出了什麼事。

後來我才曉得，這孩子意志消沉的原因是「學生會」。他非常認真地準備學生會的面試，但自己準備的題目並沒有在面試時被問到，反而被問了其他問題，導致他回答得不太理想。英浩很努力地準備，但還是失敗了，所以覺得很挫折，而他的好朋友卻公開表示自己加入了學生會，所以他既羨慕又煩躁，於是喪失了鬥志。

這孩子第一次經歷失敗和挫折，一定很辛苦，想到這點，我的心裡也難過起來。於是，我把英浩叫過來，跟他分析說，即使他沒有考上學生會幹部，他還是可以先擔任班級幹部，然後以委員的身分參與學生會。英浩聽了之後，慢慢地恢復到原本開朗的模樣，也重拾了加入學生會的鬥志。

當孩子們支支吾吾、無法妥善表達想法時，
大人們更要展現出聆聽的意願與耐心。

青春期的孩子們，特別容易使用「我不知道說話法」和「金詹智口吻」。

「我不知道說話法」，是指孩子往往有些想法，卻不願明說，反而以迂迴的方式來表達。

一般情況，青少年通常會直言不諱地表達自己的意思，這時候的「我不知道」代表是真的，但是**在真正重要的時刻，孩子們反而會迂迴地繞圈子說話，他們會先以「我不知道」來回應許多事情，其實是出於「在意他人的眼光，同時也害怕暴露自己的真實想法」的心理**。因此，父母們必須仔細評估青春期孩子們的話語是否出於真心、是否可信。

我曾因為只聽孩子表面的話，沒掌握到他們的真正心思而吃了不少苦頭。最近一次學生自治會幹部選舉，我詢問幾個加入學生自治會的孩子們是否有意願競選會長。某個孩子被我問到時，用不屑的表情重複說了幾次：「我不知道啦！」當時我以為這個孩子的意思就是「不願意、不想參加」。

後來才發現，這個孩子對朋友們說的是他「想要參加競選」。

孩子心裡究竟是怎麼想的呢？後來，我才知道原來孩子經歷了這些狀況：學生自治會幹部選舉，需要兩人一組擔任候選人，原本打算一起參選的兩個人，在協議誰當會長、誰當副會長的過程一直無法達成共識，因為兩人都想當會長，也都不願意讓步，這個組合只好告吹，最後好不容易才尋覓到一位適合當副會長候選人的人選。

如果是大人，大概能好好地說明情況，但**孩子的心理是：在事情確定之前，不大想表明自己意見，或者向別人說明情況。孩子們說的「我不知道」可能蘊含其他意思。**如果單純以孩子說話的內容來判斷他們的想法，很有可能會遇到意料之外的問題。

至於「金詹智口吻」是什麼呢？

一九二〇年代的一本短篇小說《好運的一天（운수 좋은 날）》的主角金詹智是典型的「外冷內熱」的類型。他明明深愛著妻子，卻又總是愛碎念、用粗魯的方式對妻子說話，這就是「金詹智口吻」。

正值青春期的孩子們，很愛使用類似金詹智的口吻說話。例如他們對於越熟的朋友，越會用「罵髒話」來表達情感，當父母對自己表達愛意時，他們明明心裡很開心，卻又會因為感到尷尬而支支吾吾的。

每當我真誠地稱讚孩子說：「你這次真的做得很好！你付出了很多努力耶！」大部分的孩子都會很害羞或很難為情，但一轉身時就會露出燦爛的微笑。在看到孩子們害羞的模樣時，如果就以為他們是不開心，那可就誤會大了！

青春期的孩子依然是孩子。即使心裡很渴望父母對他們表達愛和稱讚，卻還是會故意裝酷、假裝不在意。因為他們覺得這樣才像個大人。因此，即使子女表面上一直發牢騷，但還是希望父母能持續對他們傳達關心與愛，並創造能好好對話的機會。除了能透過孩子說話的口氣來判斷他們是否進入了青春期之外，也要耐心地捕捉子女說這些話背後的真實想法。

曦允老師的溫柔叮嚀

孩子說話的語氣，常常讓您覺得很傷感情嗎？雖然教育他們調整說話口氣很重要，但父母也需要努力讀懂其中蘊含的訊息。首先來思考看看孩子言語背後的真實想法是什麼吧！

青春期的孩子覺得「乾脆俐落、耍酷」很有魅力。因此那些沒有提出附加條件就爽快答應事情的教師和父母，會特別受到孩子歡迎。然而，以現實面而言，每次都爽快地答應孩子的要求並不容易。因此，與其心酸地勉強自己通融、讓步，不如好好掌握孩子們真正的心思，視情況而定，如此一來，不只父母能理解孩子，孩子也會慢慢理解父母的用心良苦。

LESSON 11

別急著反駁，孩子最渴望的就是父母的「傾聽」

記得那是多年前，我還是一位補習班老師時發生的事。我有位擔任學校老師的朋友恰好得了流感，急著找人代課，接到他的電話時，我腦中瞬間浮現了一個畫面，那是我正在講台上游刃有餘地幫孩子上課的模樣。於是我毫不猶豫地對著電話那頭大喊「沒問題！交給我吧」，備齊需要的文件後，我立刻拜訪了友人的學校，也向教務處主任打了照面，正式開始我為期一週的代課。

那時正值12月期末考剛結束，因為孩子們剛考完試，心情上比較放鬆，所以我就讓他們看看電影、自習以及進行體驗學習，度過了一段悠閒時光。孩子們也很機靈，知道我是只會待一週的老師，與我之間也就維持著適當的距離。

接著來到週四，是學校固定的「職涯日」。那天，學校安排了外部講師幫孩子進行未來職涯發展體驗課程，而導師也必須待在自己班上管秩序，以及輔助外部講師授課。

我代課的一班學生，平時上課態度還滿正常的。我本來預期他們在上職涯課時也會一如往常，沒想到，講師來上課時，孩子們不是忽視講師的話，就是乾脆不參加體驗活動。我對於孩子們的態度非常失望，那天下課時，我用冷淡的口氣跟他們說再見。

沒想到，隔天我一進教室，班上一片寂靜，我看見孩子們的眼裡充滿了對我的好奇。

「老師會對我們發飆嗎？」

「老師只待一個禮拜，應該不會認真生氣吧？」

「要罵就罵吧！我也不是好欺負的！」

孩子們的眼神透露出各種想法。恐懼、不安、好奇、擔心、厭惡……，雖然每個學生眼中透露的訊息都不同，但大家似乎都很期待我會有什麼反應。於是，我艱難地開口了：「各位，老師對於大家昨天上課的態度很失望。雖然昨天的課程不會打成績，你們可能認為職涯課的內容不算什麼。但是那位講師為了幫你們上課，很用心地準備。大家用這麼不積極的態度上課、也不尊重講師，你們覺得講師的心情會是如何呢？你們現在雖然才國二，但我並沒有把你們當成小孩子來看待，因為很快你們就要升國三、再來升高中，接著就是面臨選擇做什麼工作的時刻。雖然這次的職涯課程搞砸了，但下次再有這類課程時，你們可以好好聽講嗎？」

聽到我沉穩的聲音後，孩子們的眼裡逐漸從「恐懼、不安、好奇、擔心、厭惡」轉換成「慌張、驚訝、有趣」。

那時我體會到了：**原來孩子們會認為，能夠管理好情緒的大人，非常了不起**。當時孩子們都猜測我一定會生氣，但我沒有生氣，而是克制情緒後，有邏輯地說明我感到失望與憤怒的原因。

有幾個孩子還跑來笑著對我說：「我以為老師那時候會發飆，原本很害怕！」也有些孩子對我反省：「老師，我下次會好好上課。」我不過是待幾天就會離開的臨時代課老師，所以無法一直陪伴他們成長，但我想，在孩子們的心中，肯定留下了一個重要的訊息。透過這個事件，我也得到了一個體悟：管理好情緒後，再向孩子們傳達訊息，這樣訊息才會變得有意義。

孩子們看見擅長調節情緒的大人，會產生「原來這就是成熟的大人啊！」的印象。其實孩子們比誰都瞭解自己的錯誤，只是故意裝作不曉得，彷彿承認自己做錯就是「輸了」，又或者認為若承認過錯，大人就會責備自己「你明知故犯！」因此，正值青春期的孩子們，在做出不良舉動後，就會以逃避的方式來暫時脫身。即使他們也曉得這並非最好的解決辦法，但總會最優先採取這種方式。而我認為，**父母對孩子的回應方式，也會決定孩子選擇如何處理問題。**

除此之外，處於青春期的孩子，每天都在波濤洶湧的情緒海洋裡載浮載沉，會因為朋友一個很蠢的舉動而大笑不止，也會因為看見小動物受傷而瞬間掉下眼淚，他們渴望著身邊有個「情緒穩定、態度包容」的大人，能夠好好聆聽他們的心聲。

當孩子們說話時，我將家長的反應大致區分為兩種：「點頭型」和「發怒型」。會選擇以逃避來處理問題的孩子，他們的父母很可能都是「發怒型父母」。

「發怒型父母」是指無論孩子說些什麼，都以責備來回應，也習慣忽視孩子的想法。孩子總是被忽略，並處於害怕父母生氣的狀態，遇到問題時，會直覺地認為隱瞞真相比較好，反正父母只會大吼大叫、不會好好聽自己說話。發怒型父母的孩子更會傾向以逃避的方式來面對問題。

「點頭型父母」則是在孩子說話時，會優先採取接納態度的父母。他們會

先接受當下的情況，調節好自己的情緒後，再具體詢問孩子的想法。這類型的父母所養育的孩子，通常不會害怕表達自己的想法，甚至會去思考如何表達才能夠更容易讓人理解。

青春期是情緒波動劇烈的時期，孩子剛剛才和朋友吵得不可開交，過了五分鐘卻和好如初、還肩搭著肩地出現在我們面前，面對這樣的孩子，如果大人還將自己滿滿的情緒傾注到孩子身上，孩子會如何呢？原本就在情緒之海中載浮載沉的孩子，將會被父母所製造的大浪給捲走，難以找到安身之處。

如果父母展現出能好好管理情緒的成熟面，孩子就有機會表達自己的情感、自身的想法。再者，若父母接納並理解孩子的情緒，親子之間自然就能體驗到「產生共鳴」和「溝通」的過程。

父母一旦陷入自我情緒裡，就會錯失最重要的——瞭解孩子的機會，能夠管理好自己情緒的父母，才具有讓孩子自發性地跟隨的魅力。

曦允老師的溫柔叮嚀

最令家長與孩子受挫的瞬間，就是當孩子說出「反正說了你也不懂」的時刻。孩子好不容易鼓起勇氣開口，卻得到「你說那什麼話？」「就是因為你這樣做才會變成那樣」這類負面回應，之後孩子就會乾脆地閉上嘴巴。

請記得不管是考試考差了，還是與朋友吵架了，最難受的人不是父母，而是孩子本身。如果父母先把自己的情緒丟給孩子，那麼孩子會不自覺優先顧慮父母的情緒。這對於連自己的情緒都難以控制的孩子們來說，會是很大的負擔。青春期的子女不能理解父母的心情是理所當然的。經歷過青春期的家長們，由我們主動來理解子女吧！這會比要求子女理解自己容易得多。

「不要責怪孩子，他們正在經歷你也走過的路。」

我衷心希望爸媽們能記得這句話。

LESSON 12

有時需要堅持原則，有時需要保持彈性

有一戶人家的媳婦，每次在打理家裡的大小事時，都會詢問婆婆的意見。婆婆可能被問煩了，就責備她說：「妳不能自己看著辦嗎？」自從聽了那句話後，媳婦就再也不問婆婆意見，事情都自己處理。後來，婆婆又大發雷霆地說：「妳為什麼處事這麼任性呢？」各位如果經歷上述那位媳婦的狀況，是不是也會氣得跳腳呢？

然而，孩子們也一樣。**父母若毫無原則、隨意訓斥孩子，孩子就不會再相信父母了**。信任感一旦崩塌，就很難輕易恢復。一旦失去孩子的信任，就無法再有效地教育孩子。

因為**青春期的孩子情緒不大穩定，因此大人們更應該保持穩定**。在對待青春期的孩子時，父母一方面要堅持原則和信念，另一方面也保留適當的彈性。

在不瞭解青春期孩子特徵的情況下，父母很容易被孩子貼上「善變」這個標籤。有一次，我找了某位表面看不出叛逆的理由、行為卻越走越偏的學生談話。當我問他說：「你為什麼故意讓媽媽這麼辛苦？最讓你不滿的點究竟是什麼？」那時孩子冷笑了一下，回答我說：

「還不是我媽太善變了！」

原來孩子是因為家教問題與媽媽產生了嚴重的對立。看到成績退步很多的孩子，媽媽很擔心，於是堅持要請家教來輔導。剛好老師人很不錯，孩子漸漸地和老師建立出良好的關係、也慢慢對學習產生興趣。

然而，明明繳了昂貴的家教費，效果卻不顯著。於是媽媽不請家教了，改要求孩子去上補習班。孩子好不容易才對家教產生信任，媽媽卻叫他不要上家教課了，孩子為此很生氣，執意要繼續上，還批評媽媽做事前後不一。

上述的例子顯示出，如果父母沒有先和孩子溝通，就做出前後不一的行為，必定會造成親子間嚴重的隔閡。

例如有些家長在媽媽們的群組中聽說「那間補習班很好！」就會立刻決定讓子女去那裡補習，忽略了孩子的想法。

父母如果像蘆葦般搖擺不定，孩子就沒有可以信賴和依靠之處，在需要父母提供意見的重要時刻，孩子會選擇獨自判斷、行動。因此，在對待孩子時，父母的言行一定要前後一致，如同一棵擁有穩固根基的大樹。另外，在需要改變決定時，一定要優先詢問孩子的意見，並取得孩子的諒解。

我在管理班級時，非常重視「遵守原則」這一點。不過，在訂班規、班費與討論班級活動時，我會透過班會，讓孩子們討論、協議、表決，不會由我單獨決定。也由於班規在誕生的過程中經過了協議，所以孩子們自然會為遵守規則而努力。

不只是學校如此，家庭中也有必須遵守原則之處，以「使用智慧型手機」為例，若已經與孩子達成協議，規定了可以使用手機的特定時間，建議每個家庭成員都要遵守相同原則。許多父母明明自己長時間使用智慧型手機，卻要求孩子不要滑手機。這種情況下，孩子們會強烈反抗，為什麼只有自己不能使用手機？就會想方設法偷偷使用。但是，如果全家人都接受且遵守相同的原則，那麼孩子就不得不照做。假設制定了「晚上11點後禁止使用手機」的原則，每天時間一到，全家人都必須交出手機，無論是爸媽還是孩子都不能使用。

另外，**對於家庭教育的原則和理念，父母雙方應該要達成共識**。如果雙方的理念不同，孩子們肯定會覺得很混亂。我的學生朱赫就曾經面臨這樣的局面：媽媽要求他一定要去補習英語和數學；爸爸反倒認為，如果孩子自己覺得不需要，就不必非得去補習。

一開始，朱赫跟爸爸說自己不去補習班。但當他看到媽媽憂愁地表示「你不去補習，跟不上同學該怎麼辦？」便改口說要去上補習班。然而，看到孩子猶豫不決的模樣，父母反而生氣了。

起初朱赫說他不去補習班，那就是他的真心話。然而，他也瞭解到去補習班的必要性，所以覺得媽媽的話也有道理。結果，這樣也不對、那樣也不對，朱赫好不容易選擇了比較認同的一方，卻還要承受來自爸媽的情緒。

如果父母雙方無法達成教養共識，子女就會陷入矛盾和混亂之中。雖然毫無原則地教訓孩子是個大問題，但父母雙方如果教育理念完全不同，指導孩子時，會是另一個更大的問題。

曦允老師的溫柔叮嚀

身為學校老師，在教育孩子時，我感到最困難的就在於「堅守原則」。然而，就算是一個對學生要求很嚴苛的老師，但只要他的原則明確，孩子們就會信任他。若是毫無原則的老師，則會給孩子帶來最不良的影響。

家庭中也是如此。父母若堅守不同的原則，孩子就不曉得該套用哪個標準來行動，內心總是糾結、矛盾。建議父母要向孩子傳達一貫的教養觀，別讓孩子因為爸媽之間的糾紛而受苦。「隨性派父母」可能會導致子女成長為一個不會堅守信念、隨著環境動搖的人。

LESSON 13

透過日常觀察，找出孩子問題行為背後的原因

我們對於自己的孩子，有多少程度的瞭解呢？您想過孩子表面的問題行為，也可能源於生理上的問題嗎？

有個叫藝珍的孩子，她每天上課都在睡覺。晚上睡覺、白天也在睡覺。表面看來藝珍就是個學習動機低落的小孩。

當然，孩子有可能是因為沒有學習動力而選擇睡覺，但遇到這種情況時，也可能存在其他因素，不單純是孩子學習動機的問題。

青春期的孩子如果總是在打瞌睡，就有罹患**「嗜睡症」**的疑慮。大部分的人對嗜睡症可能有些陌生，但青少年罹患嗜睡症的比例，遠比您所想像的要高。嗜睡症主要是由於大腦下視丘分泌的神經傳導物質「下丘腦泌素（hypocretin）」不足所引起。

如果有學生**無法克制睡眠，一直打瞌睡**，不該只是一味地責備學生，而是要讓學生去醫院檢查是否出現睡眠障礙。尤其，如果學生無法克制陷入睡眠的症狀持續3個月以上，一定要到睡眠診所檢查原因。

孩子的問題行為背後都有原因，從看得見的部分到看不見的領域，需要透過一一確認孩子的行為、生活習慣等來瞭解。

・・・

在我以前教過的孩子當中，有個孩子的攻擊性非常強。平常雖然和大家相處得很好，但只要一和同學吵起架來就會忍不住動手。我不斷思考這孩子的問題是什麼，一邊仔細觀察他。

首先，這個孩子的情緒起伏特別大。有時候很開朗積極，有時候卻又非常憂鬱、容易暴怒，令人擔心。而且，比起用言語來宣洩憤怒，他似乎更習慣用拳頭來發洩。我分析了孩子的行為後，大致掌握了問題的根源，並向孩子的母親說明後，提議「希望請專家給予孩子積極的協助」，這個孩子在專家協助之下，接受了適當的治療，後來也能夠順利地調節自我情緒、與人好好溝通。

當父母認為孩子的行為失常、甚至怪異時，首先需要確認的，是孩子究竟是「生理上出了問題」，還是「心理上出了問題」。

每當孩子們出現問題時，我就會變得像醫師一般，首先會判斷現在的症狀（行為）為何，然後找出導致這症狀的病原體（原因），並不斷構思最適當的處方（解決問題的方法）。然而，許多時候，教師以一人之力，很難解決孩子的問題。**青春期孩子的問題比想像中更複雜，可能需要教師、父母、諮商師、醫師等人並肩作戰**。如果專家判斷孩子需要治療，那就不要延誤，趕緊讓孩子就醫吧。就醫並不是一件丟臉的事。倘若錯失了治療的時機，之後可能會引發更嚴重的問題。

雖然教師可以掌握孩子的問題行為，並輔助判斷孩子的情況，但無法根本地解決問題。能夠根本解決問題的唯有孩子的監護人、唯有父母。面對出現問題行為的孩子，別害怕，積極請教能幫助孩子的專家吧！只要下定決心，結合專家與學校老師的協助，冷靜分析孩子的行為舉止，家長一定能掌握背後的原因，進而找到解決該問題的方案！

曦允老師的溫柔叮嚀

不入虎穴，焉得虎子，對吧？若想掌握孩子問題行為背後的原因，首先要觀察孩子的行為模式。

這裡提到的「觀察」，並不是要爸媽去「監視」子女的一舉一動。而是保持冷靜的態度，留心孩子的日常狀況，並找尋適合介入的時機點。如果您認為孩子需要專家的協助，就積極地向班導、輔導老師尋求協助吧！我們隨時準備好幫助孩子和父母，所以需要時，儘管伸出手來吧！

LESSON 14

總是順著孩子，反而是一種「虐待」

如今，「言語霸凌」和「身體霸凌」已被一視同仁，以言語對他人造成的傷害，並不亞於肢體動作的傷害。青少年最常遭遇到的是「言語性騷擾」及「家庭背景的言語霸凌」。所謂「家庭背景的言語霸凌」指的是以對象的家庭背景為笑柄的言語霸凌，對孩子而言最具侮辱性；而以情色內容為話題（開黃腔）來調侃、嘲諷別人的，則是「言語性騷擾」。

若養成這類說話的惡習，就會習慣以貶低他人為樂。此外，習慣言語霸凌他人的人，在生氣時也更容易毫不留情地詆毀他人。**值得注意的是，一旦養成說暴力語言的惡習就很難改變，並不會隨著孩子青春期結束而終止，因此，當孩子持續對他人使用嘲諷、詆毀的語句時，請不要放任孩子，要持續教育到他改善為止。**

我平時就習慣傾聽各方言論，並從中瞭解問題的成因、尋找解決的方法，其中，韓國的《你好嗎？》這個煩惱諮詢節目帶給我許多靈感。

該節目近期最令我印象深刻的內容是，有個會邊打掃邊罵髒話的女兒的故事。故事主角是一位與母親同住的三十歲待業女子，她的夢想是成為社工師，對外也給人仁慈善良的印象，不過每當她開始打掃家裡時，就會給母親帶來莫大的壓力。因為全心投入在打掃中的她，會一邊打掃，一邊瘋狂地飆出髒話來，而且每次短則三小時、長則六小時。女兒認為自己僅是透過打掃來消除壓力，並沒有意識到對母親造成困擾。

目睹現場狀況的觀眾則深感錯愕，母親也表示自己已經徹底死心，不認為女兒會改變。

我認為那位女兒的行為，並不是直到30歲才出現的，我猜測她大概從青春期就逐漸養成急躁的性格，母親雖然覺得女兒的言行有問題，但也認為「如果我不接受，還有誰能幫女兒分擔壓力？」於是反反覆覆忍受多年，最終女兒已經養成這種宣洩壓力的習慣。

青春期的孩子會因為荷爾蒙失調，導致很容易發脾氣。

如果孩子煩躁的原因在於家長的過度干涉，那麼只要減少干涉孩子的選擇，孩子就能減少焦慮、找回平常心。但是，如果明明沒有特別會引起煩躁的原因，子女卻常常發脾氣，爸媽就不應該再默默承受。孩子脾氣暴躁的情況可能會延續到成年以後，父母要協助孩子改善，建議和孩子多溝通，或者尋求心理諮商等方式進行。

不僅如此，令人意外的是，有不少父母曾遭受青春期子女惡言相向，甚至被子女毆打。父母一方面感到丟臉，一方面卻又相信「孩子長大後就會自然好轉」，於是置之不理。我想請爸媽們記得：「細漢偷挽匏，大漢偷牽牛」，絕對不能小看！

青春期孩子的第二性徵出現後，身體狀態會慢慢變得比父母更具優勢。如果默許孩子任意攻擊，那麼未來孩子也會認為自己不需要尊重父母，甚至可能變成爭奪父母財產的無恥之徒。因此，對於孩子青春期的惡習，絕不能置之不理，要在當下進行合適的教導。

• • •

有一次，我們學校發生了一件男同學對女同學嚴重言語霸凌的事件。我請男同學的家長到校處理，也向家長提到這件事可能會被提交到校園暴力委員會。沒想到，那位家長相當不以為然：「老師，妳也太小題大作了吧。」家長的邏輯是，青春期的孩子說錯話很正常，明明道歉可以了結的小事情，為什麼要鬧上校園暴力委員會？聽到家長這麼回應的瞬間，我不自覺變得跟受害者一樣氣憤。

當然，家長說的也有道理，青春期的孩子們處於過渡階段，所以當他們犯錯時，比起懲戒或處罰，更應該把重點放在「導正」上。但如果孩子犯的錯，是會帶給他人身體上、情緒上的重大傷害呢？若沒有任何懲罰，要如何讓他們有所警惕，不再重蹈覆轍？

放縱男學生辱罵女學生，可能導致孩子們成年後對女性理所當然的歧視。對種族歧視的言論不加以矯正，也會讓他們抱有不正確的種族意識直到長大。青春期的孩子們需要的是「自由」，而非「放任」。一味的放任會阻礙孩子們建立良好的判斷力，這一點不會因為長大了就自然變好。

放任或置之不理，反而是另一種型態的「虐待」。當孩子們做錯時，告訴他們什麼是錯的、怎麼做才是對的，才是身為大人的我們該扮演的角色。

根據《德國媽媽的力量（독일 엄마의 힘）》作者朴成淑所述，在德國的媽媽們眼中，不懂察言觀色、冒冒失失的孩子，其實就是社會適應不良。他們會透過家庭教育，向子女傳達「考慮他人感受、給予他人關懷和尊重」的重要性，趁孩子還小的時候，在他們心中奠定對他人的尊重意識。這也是德國被視為教育先進國的原因。

與其嚷嚷「這個年紀的孩子都是這樣啦！」，也許我們更應該改口「從這個年紀開始教起吧！」，從轉變心態開始，說不定能夠成為讓社會改頭換面的契機。

曦允老師的溫柔叮嚀

我最近觀察到一個普遍的現象，孩子在公眾場所吵著媽媽買玩具，媽媽卻因為怕孩子失望而不制止孩子吵鬧，這讓人感到惋惜。在這個與他人共同生活的世界裡，家長應當事先告訴孩子什麼事情不該做，讓孩子學習彈性調節自身的需求和欲望。至於會對他人造成傷害的言行舉止，就更不必說了。千萬不要認為孩子年紀還小，就放任或默許他的不良習慣，請協助孩子儘早培養成熟的社會意識。

LESSON 15

建立孩子價值觀的最好時機，從「犯錯」開始

韓國有兩句俗諺，分別是「孩子越寶貴，越需要多打一下」和「小時偷針，大時偷金」。而我想結合這兩句話送給讀者：「如果不希望孩子小時偷針、大時偷金，就再多打一下吧！」多打一下，不是指肉體上的懲罰，而是指多留心和指正。

在三代同堂還很普遍的時代，一個村落就是一個生活共同體，不只是父母，連祖父母、甚至村裡長輩也會負起教育孩子的責任，所以孩子們有很多實踐「分享、關懷、禮貌、尊重」的機會。

但隨著都市化腳步加快，核心家庭成為主流，使得原本的品德教育系統逐漸崩塌，再加上，越來越多孩子很早就上托兒所、幼稚園，一位老師就要擔負許多孩子在校的教育責任，品德教育也更加困難。雖然現在多數孩子營養充足、身體發育得比過去更好，但心智年齡卻愈來愈低。

青春期是能培養孩子的品德的最後機會。

如果錯過了這個時機，就再也難以糾正孩子錯誤的價值觀。如果您已經長時間疏忽孩子的品德教育，請務必把握「青春期」這個階段。

好的品德教育，是在孩子做出問題行為時就要制止，並提供他改善的方式與正確觀念。尤其在孩子第一次出現問題行為時，父母的態度非常重要。爸媽採取的態度，將決定孩子的問題行為會縮小或擴大，甚至左右孩子的未來。

• • •

有位男學生偷刷媽媽的卡，買了20萬韓元（約台幣4800元）的網路遊戲道具。媽媽得知這件事之後，狠狠教訓了孩子。那孩子的家境非常富裕，比起金額，媽媽更在意的是孩子竟然瞞著家人偷東西，她嚴正地告訴孩子這件事的嚴重性，導正了孩子的金錢觀，孩子也不再說謊了。父母處理的方式會決定孩子成長的方向。相對於金錢，孩子的媽媽更強調信任和誠實這兩種品德。

當子女出現問題行為時，如果父母置之不理，將來可能會面臨更大的問題。若國中就出現吸菸或暴力行為的孩子，有不少在高中時就會自動休學。有個孩子在國中時就會吸菸、也頻繁打架鬧事，但是每次孩子的家長接到通知後，都是反過來抱怨學校：「為什麼要把我的乖孩子看成問題學生？」比起多打一下，這位家長選擇多給他一個餅乾。結果那孩子上了高中後，再也沒人管得動他了，最終他還是被迫離開了學校。

其實，做錯事卻絲毫不自知的孩子比想像中少得多，孩子心裡很清楚父母是如何看待自己的。因此，如果家長真心為子女著想，在呵護之外，也要適時地指正。

有一次，某個孩子被學校老師發現身上有菸，於是老師懷疑他吸菸。如果這件事發生在自己的子女身上，您會如何看待呢？

這種情況下，多數父母會選擇袒護子女。「學校應該要信任孩子啊！」「難道就因為他身上有香菸，就要當作他有抽菸來處罰嗎？」不少家長會出現這類反應。

令人惋惜的是，孩子一旦開始抽菸就很難戒掉。就算學校宣導禁菸、或改抽電子煙等，但只要上癮了，就很難喊停。就算是成績優良的孩子也可能會抽菸，因此，爸媽應該先正確理解狀況，向孩子提出應當遵守的底線。也許那個學生並沒有抽菸，只是出於好奇心從朋友那邊拿到了這個東西。但是，如果孩子常常與吸菸的朋友湊在一起，抽菸只是遲早的事。如果情況進一步惡化，就會進入「抽煙——喝酒——飆車」這類循環。萬一孩子惹出更大的問題，甚至得移送少年法庭。

現在的老師很難嚴厲懲罰孩子。只要老師稍不留意，就可能被家長投訴至主政的教育機關。有些父母則會說自己的小孩被導師妨害人權。在這樣的氛圍下，導致老師和家長難以共同合作。

然而，一旦錯失了青春期這個寶貴的導正時機，日後就算後悔也來不及了。因此，希望爸媽們千萬不要袖手旁觀，不要期待只透過學校教育就能化解子女所有的問題行為，請家長們在家中也要對孩子進行適當的教育。如果父母默許子女的問題行為，僅憑著學校老師單方面糾正，最終還是會養出一個「偷金賊」啊！

曦允老師的溫柔叮嚀

我自己也為人母，因此我瞭解各位想呵護自己孩子的心，但如果把「自己在孩子心中的形象」放在第一位、害怕「被孩子討厭」，當孩子走錯路時，身為家長卻不敢展現嚴苛的一面，就會錯過最適合教育的時機，讓孩子以為「這樣做也沒有錯」，養成錯誤的價值觀。

偶爾嘗試將孩子看成獨立的個體吧！儘可能客觀地看待自己的孩子，會更清楚自己何時該堅定地指正孩子。

LESSON 16

放下成績焦慮，帶孩子迎接更美好的未來

現代家長對於孩子的成績焦慮似乎越來越嚴重了，總希望自己的孩子可以比別人更快、更早學會，從熟悉注音符號、背九九乘法表，甚至是英文字母；小六生要預習國一內容，國三生要提前學高一的內容等。然而，家長的焦慮不安很容易對孩子的學習造成反效果。

有個媽媽非常看重子女的教育，雖然家庭並不富裕，但她下定決心要把兩個孩子送出國，滿心期待孩子從小學就能建立良好的外語能力。於是媽媽積極地投資，也決定拿出所有積蓄作為兒女的留學資金。

不過，當孩子小學畢業回國，發現難以適應學校生活，甚至抱怨媽媽為什麼不能讓他們繼續待在國外。最後，兩個孩子以中後段的成績畢業，並沒有展現突出的英語能力。

似乎不管請哪個專家出來說話，都無法緩解父母對於子女教育的不安和焦慮，尤其是對於英文科的部分，為什麼爸媽們都很害怕孩子英文落後呢？事實上，絕對會運用到英語的工作其實比想像中還要少。除非是外商、外交官、翻譯等需要高度使用英語，多數工作只需要基本的英語對話能力。加上，翻譯程式和人工智慧越來越發達，從某些角度看來，比起自身的英語能力，能善用翻譯工具的人，在職場上可能更游刃有餘，所以，家長不必強迫孩子去上英文補習班。

身為學校老師的我，也常常遇到家長問我：「為什麼孩子去補習一個多月了，還是沒考好？」其實，念書跟「減肥」很像，一開始增加運動量、調整飲食習慣，體重掉得很快，但一定會進入停滯期。當你開始努力念書，起初進步幅度很大，可能從20分一下子達到60、70分，但在靠近90分之前，會落入停滯期，要加倍努力才行。**許多父母以為送孩子進補習班或請家教，下次段考就會明顯進步。我的建議是，請至少給孩子三個月的時間吧！**

●●●

我的教學生涯超過十年了，在這之中遇過各種孩子和家長。其中最需要耐心的學生就是有閱讀障礙的學生。

有閱讀障礙的孩子常被誤認為是ADHD（注意力缺陷過動症），以為孩子是因為專注力差所以功課不會寫、考試考不好，但其實閱讀障礙和ADHD並不同。ADHD傾向的孩子比較散漫、難以控制情緒。而閱讀障礙的孩子，可能是個性活潑，也可能是個性文靜的孩子，並沒有特定的性格傾向，只是由於基因缺陷而無法正確讀字，他們在考試時可能會出現把3看成8，或者多寫一個0的狀況，不論是語文還是數學，都比其他孩子吃力許多，也因此，閱讀障礙的孩子在考試時會非常緊張，然而越緊張、表現就越差，最後孩子容易喪失自信，不願意專注上課，往往到了這個地步，家長才發現孩子出現問題，以為孩子有過動傾向。

當初遇上有閱讀障礙的孩子時，我非常苦惱，後來決定向經驗豐富的老師請教，那位老師給了我一個斬釘截鐵的回答：「張老師，這孩子不適合繼續念書。」意思是，一味想提升閱讀障礙孩子的成績是無效的，不如少給孩子一點壓力，或是讓孩子在飲食中補充「鎂」來舒緩焦慮。

如果孩子因為先天生理因素，總會錯看數字，那麼孩子數學考不好，也不是他的錯。就像前輩老師說的一樣，不強迫他念書反而比較好。教導狀況特殊的孩子時，與其用不安和焦慮壓迫他，不如先確認他的狀況，再判斷長期下來該怎麼幫助他。

家長們，**不安或焦慮等負面情緒是會快速傳染的**，試著放下吧！每個孩子發現自己的才能和職業性向的時機都不同，失敗也沒關係，如果爸媽們能夠有耐心地引導、陪伴，那麼孩子未來無論面對任何困難，都會相信自己可以戰勝。

曦允老師的溫柔叮嚀

我們的教育相當重視「不要落後」，也因為如此，家長對孩子稍微放手就會覺得焦慮。孩子還是學生時，爸媽為了他的成績而焦慮，好不容易畢業了，父母又開始為他的就業和婚姻而焦慮。可是啊，沒有一件事是父母急得跳腳就會完成的。父母的不安和焦慮不僅會帶給子女壓力，在他們走向幸福的路上，會因為要不斷顧慮父母而變得患得患失，於是更容易做出錯誤的選擇。我們班上的班訓是「適當」，意思是「適才適所且堂堂正正」。我堅定地相信，不管孩子會不會念書，都能發揮各自的才能，成為社會需要的一分子。

孩子的真心話

曦允老師VS.學生成彬的對談

#遊學 #夢想
#叛逆 #若我當了爸爸
#自我肯定

老師：好！現在開始吧！首先呢，請成彬自我介紹一下。

成彬：大家好，我是個子不高，但做什麼事都很認真的孫成彬。

老師：哇！很帥氣喔！這個開頭很不錯！成彬快要從國中畢業了，如果可以再當一次國中生，有什麼事情是成彬最想做的呢？

成彬：這個嘛～我想回到國三去遊學的時候。那是我國中三年當中印象最深刻、覺得最有趣的一段時間。

老師：啊！遊學是很有趣，但老師覺得帶學生去遊學是最辛苦的……不過，聽到成彬覺得那段時間的印象最深刻，有這句話就夠了！

那麼，成彬你身為學長有沒有想給學弟妹的忠告呢？這樣好了，如果用一句話代表，你會說什麼呢？

成彬：一句話嗎？嗯……我想應該是「自、己、去、追、夢！」

老師：「自己去追夢」？哇！很有深意的一句話呀！

成彬：我一路走來都是按照爸媽的期待，雖然好像有了夢想，但我不確定那是不是我真正想要的。好像是，又好像不是……最近我為了這個非常苦惱，所以我希望，可以由我自己來找尋屬於自己的夢想。

老師：我記得成彬說過，你的夢想是成為「飛航管制員」，對吧？成彬現在覺得這個不是屬於自己的夢想嗎？

成彬：是的。我剛開始單純是因為好奇，但後來發現這個職業需要非常認真學習，壓力很大，不確定自己是不是真的這麼渴望這個工作，現在決心有點動搖了，所以正在重新找尋真正的夢想。

老師：看樣子成彬真的有認真思考過耶！那成彬覺得自己有得過

中二病嗎？

成彬：嗯，好像就是去年、國中二年級的時候。那時候每天都在外面待到很晚才回家，然後我爸媽就會生氣，我都會耐不住性子、很大力地甩門。然後他們就會說：「你過來！為什麼要這麼大力甩門？」我怕被罵，就會辯解說是風太大啊，所以關門才會那麼大力，有時候會頂嘴說：「我不知道啦！」當然我頂嘴的話就會被罵。

老師：看來，國二的成彬應該讓父母很傷腦筋喔！要不要藉這個機會跟爸媽說句話呢？

成彬：嗯……不管是去年還是今年，我都還是有點叛逆的樣子，但爸媽都很理解我、包容我。很感謝您們。以後我會當個更棒的兒子。

老師：如果成彬以後有小孩的話，想成為什麼樣的爸爸呢？

成彬：雖然很難成為讓孩子百分之百滿意的好爸爸，但我會盡最大的努力。我認為，要好好聆聽孩子的想法和期待，無論孩子年紀再怎麼小，我都希望自己能讓孩子多表達他的看法。

老師：那除了對於自己成為爸爸的想像以外，成彬以後想成為什麼樣的人呢？

成彬：老實說，每個人都希望得到大家的肯定，但真的很難立刻做到這一點。所以我在得到他人的肯定之前，更想成為一個被自己肯定的人。因為最瞭解自己的、最能堅定地信任自己的，就是我自己。

老師：原來如此，很棒的體悟呢！那麼，現在來到最後一題！成彬有什麼話想跟這本書的讀者說呢？

成彬：我知道父母都是因為關心孩子，有時看到不對的行為才會忍不住罵我們、干涉我們，但還是希望父母不要太過度，可以保有一些彈性。例如，比起一直強調要念書、要念書，也希望爸媽給我們一些自由的空間。讓我們能偶爾和朋友出去玩，也會減少對讀書的煩躁感和同學間的競爭感，對於經營人際關係也有幫助。

CHAPTER 3

與青春期孩子的轉念溝通

[機智對話篇]

LESSON 17

用「反向操作」說話術，激發孩子的自主動力

某位知名棒球選手跟他正值青春期的女兒一起上談話性節目。女兒在節目上提到，和爸爸說話的時候，最討厭聽到爸爸用「妳應該要……」這種命令句，覺得跟爸爸立刻出現距離感。有位網友批評這位女兒：「這孩子真是不知足，爸爸供她衣食無缺的生活，她竟然還雞蛋裡挑骨頭、要求東要求西的。」然而，我並不認為這位女兒不知足，對於青少年而言，「愛父母」跟「對父母的嘮叨不耐煩」是兩回事。

青春期的孩子對於「嘮叨」非常敏感，因為身邊實在有太多長輩會對他們嘮叨了，學校老師、父母，甚至連鄰居、路人甲都能參一腳，孩子們早就聽膩了。尤其在不恰當的時機點出現的嘮叨，很可能成為壓倒孩子的最後一根稻草，讓他們奪門而出。我的建議是，下次想要求孩子多讀點書時，試試看這麼說：「不要念了，今天就早點睡吧！」效果反而會更好。

歌手李笛的母親、女性學者朴慧蘭從來不需要催促孩子趕快去讀書，子女卻都成了高材生。雖然友人也曾譴責過她不關心孩子，但當她的子女都考上首爾大學時，旁人都對這位母親完全改觀了。

朴慧蘭是怎麼做到的呢？她只提到自己希望四十歲時能去完成研究所學業，所以她不時就會看起書來，就連在餐桌上也不例外。她的孩子們看到這一幕，也會主動拿起書本，不知不覺，全家都養成了閱讀的習慣，這是她的教養祕訣。

父母親為了子女好而說的話，往往蘊含了對子女的殷切期盼。然而，不管父母說的內容有多了不起，那些話只會被孩子認為是「第N次的碎念」：

「吼～我媽又開始唸我了！」

「唉～什麼時候才會講完啊？」

嘮叨也是親密關係中的殺手。有位記者採訪了一位太太，並詢問她是如何維繫一成不變的婚姻生活？結果那位太太回答得頗有智慧：「與其對應酬晚歸的老公碎碎念，我選擇幫他煮碗醒酒湯。」對於夫妻關係、親子關係，甚至是任何的人際關係，「嘮叨」都是百害無一利的。稍微回想一下嘮叨的婆婆、嘮叨的上司的樣子就能明白，如果總是長篇大論，那麼再好的內容也會令人感到厭煩。下次給孩子建議時，記得要簡潔有力。

● ● ●

除了「縮短嘮叨的長度」之外，也要「調整嘮叨的內容」。

最常見父母嘮叨的內容，幾乎都在於成績、課業：

「這次怎麼考成這樣？」

「你不去補習班嗎？慢吞吞的要來不及了！」

「不要再滑手機了，快點去讀書！」

這些話不但不會成為孩子進步的動力，反而會加重他們面對課業時的壓力，因為越是嘮叨，孩子的大腦就越會把「讀書」和「被爸媽念、被爸媽罵」的情況連結在一起，形成難以扭轉的負面印象。就像前面我提到的「要求孩子念書，不如叫他『早點睡』一樣」，**反向操作，反而能誘發孩子的學習動機。**

以我自己的經驗來說也是如此。我家包含我在內，一共有三個孩子，其中一個孩子一出生就患有殘疾，因此我的父母要花特別多心思照顧他。也許正因如此，父母總是相信我可以處理好許多事情。

回想起來，每當我在學業上遇到問題時，我會看向那些表現好的同學，以他們為標竿來讓自己進步，例如看看很會寫筆記的同學如何做筆記，也發現成績好的同學都會寫大量習題，所以我自己讀書時也會大量解題。除此之外，我每天晚上十點會和好朋友通電話，分享彼此的讀書進度，而且很認真地思考拿高分的方法，如此度過了學生時代。

現在回頭看，我在學生時期，讀書的主導權一直都掌握在我手中。我的讀書習慣很接近「自主學習策略」。所謂「自主學習」，是指讓學生從讀書計畫、目標、調整、檢討都自行掌握的學習方式。

那些被父母嘮叨到很煩、不得不努力讀書的孩子，很難有機會體驗這種學習方法的樂趣和優點。然而，自主學習被評價為現代人不可或缺的能力之一，比起被動學習者，未來將會是主動、積極進取的學習者的時代。

當父母不再針對成績碎念，而是給孩子自主管理課業的機會，即使過程中時而成功、時而失敗，但孩子會在這當中學會自我負責，並且成長為一個有能力自主選擇、靈活又有自信的人才。

曦允老師的溫柔叮嚀

再怎麼有趣的故事，重複聽到第三次也會膩，對吧？我們一起「有意識地」減少嘮叨的頻率吧！如果一天平均會對孩子嘮叨五次，那麼其中三次就用其他方式來代替，例如找出他們做得好的點來稱讚他們，或是用更婉轉的方式表達關心。當父母對子女說話的方式變得不同時，就能鬆動原本的「談到功課＝被父母念」的刻板印象。

LESSON 18

比較和質疑，是讓孩子緊鎖心門的自尊心小偷

《自尊心的六大支柱（The Six Pillars of Self-Esteem）》作者納撒尼爾．布蘭登，提到了「自我效能感」和「自我尊重感」這兩個概念。「自我效能感」是指認為自己做得到、信任自己的能力；「自我尊重感」則是認可、重視自己，例如當我們「覺得自己還不錯」時，就證明我們擁有自我尊重感，自我尊重感讓我們得以融入社會、建立關係、不害怕挫折。

我們都希望孩子對自己有自信、能肯定自己，有健康的自尊心。很可惜的是，**當我們將自己孩子和別人家的孩子相比較時，就會破壞孩子的自尊**，即使那個出發點是為了刺激孩子更努力讀書也一樣。

例如，每所學校都只有一個全校第一名才對，但不知道為什麼「媽媽朋友們的小孩」全都是全校第一名。而且，有時候拿朋友的兒子來比還不夠，甚至連堂哥、堂弟都要拿來比較，覺得自己孩子輸人一等、輕視孩子。孩子被最在

乎的人比較、輕視，即使表面上看不出來，內心必定是傷心又委屈的，尤其當孩子的努力並不亞於媽媽拿來比較的對象時，還會有非常冤枉、失落的感受。

孩子的自尊心受損，會衍生許多問題，包括無法融入校園生活、曠課、人際關係不佳等，其根源都和「自尊心不足」有關。

破壞孩子自尊心的核心武器，除了比較之外，就是「負面的言語」。

「那樣不行！」「那樣不好！」自尊心低下的孩子大概很常聽到這類批評，他們想嘗試做什麼時，就會被父母否定，久而久之，孩子就會認定自己是一個「什麼都做不到的人」、「努力也沒用的人」。

「你為什麼只能考到這種成績呢？」

您曾對孩子說這樣的話嗎？
聽到這句話的孩子，又會怎麼想呢？
孩子可能會就此斷定「我大概真的只能做到這樣了」。

爸媽的話是很有影響力的。就算是本來能做好的事，但只要父母說「你大概做不到吧！」孩子就會懷疑起自己的能力。因此，要對孩子使用正面的言語，幫助孩子建立自尊、自信。

我曾經擔任補習班老師，因為我教的學生成績進步幅度驚人，所以當時我頗受到大家肯定。例如我讓高職三年級的某一班變成全校第一，孩子想進入全國前幾名的科大再也不是難事；以往模擬考總是考很差的學生，我協助他們的成績從4級提升到2級，順利進入夢想中的軍校就讀。

我之所以能夠做到這些，是因為我有自己獨特的教育祕訣，那就是**我很擅長找出孩子的強項，並運用肯定的話語稱讚孩子**。

這個祕訣到了學校依然受用。每當模擬考結束後，我會和孩子確認申論題的答案，也會針對他們的答案和總分給予回饋。特別在這個時候，**我會努力將重點放在讓孩子得到肯定和成就感**。

「你這次的申論題回答得很好耶，有仔細看題目喔！」

「只要再多對一題，就會進入九十幾分的等級囉！」

「你這次有認真上課，果然成績進步了耶！」

「你考得比上次好很多耶！怎麼這麼厲害？」

當我說這些話時，大部分的學生都會很不好意思，害羞地說自己只有國文考得比較好罷了。

正向的話語會改變孩子的一生。大部分的家長拿到孩子的成績單後，都會忙著跟之前的成績作比較，還會找出考得最差的是哪個科目。然而，**如果想提高孩子的成績，就不應該去看孩子考差的科目，而是要看他們哪一科成績變好了，然後對孩子說：「你看，你這科的成績進步了，我就知道你可以！」如此鼓勵、稱讚他們吧！**父母或老師對孩子的肯定，有時會成為孩子能爆發性成長的契機。

言語和思考方式有著密切的關係。當孩子聽到正向的言語，才有機會說出正向的話語、正向地思考。我很確信，聽到稱讚的言語的孩子會增加信心，更能成功地把事情做好。

「沒關係！我相信你會做得很好的！」

請務必記得這句話，它能提升孩子的自我尊重感，為孩子帶來成功。

曦允老師的溫柔叮嚀

遺憾的是，許多人都表示，父母是他們人生中的第一個「自尊心小偷」，這代表他們從爸媽那裡聽到了很多負面的言語。

等孩子長大成人，在社會生活中必定會遇到許多自尊心小偷，身為父母的我們，還有必要讓他們提前受挫嗎？尋找看看孩子有哪些值得讚美的優點和行動，透過稱讚來提升孩子的自尊心吧！在他們的心田裡撒下滿滿的希望種子，讓孩子不論遇到任何考驗都能對自己懷抱信心吧！當種子開花時，孩子將會成長為一個堅強又帥氣的大人！

LESSON 19

停止無效說教！「提問」才是反省過錯的高招

蘇格拉底非常善於提問，更被譽為史上最優秀的老師。他透過持續的提問，讓學習者不斷地思考，進而找出最接近本質的想法，在提問的最後，學習者會自然而然地提出貫穿問題核心的問題，那就是找到真正的答案的時刻。和蘇格拉底對話的人，往往會對這個過程感到震撼又著迷。

時至今日，蘇格拉底的對話法仍然深具魅力。尤其當我們想讓孩子體會到自己做錯時，這個對話法可以發揮很強大的力量。

大部分的父母在教育子女時都不會「提問」，而是直接「說教」，相信直接點出問題，就能讓孩子覺醒，甚至能改變問題行為。然而，孩子可能會因為急於擺脫被說教時的不舒服的感受，暫時表現出順從、反省的態度，但這反而會讓孩子失去真心反省的機會。

若想要讓孩子真心反省，就不該「說教」，而是要「提問」。

「漏斗式提問」是很好用的技巧。是指從較廣大、簡單的部分開始，逐漸深化問題來詢問，讓孩子真正自我反省。當孩子出現問題行為時，結合「漏斗式提問」的方法就是「F↓W↓IF」對話法。這個對話法分為三個階段。

第一個階段「F（Fact check）」，是指確認事實。

「請你先把你做的事情寫下來。」

當孩子出現比較嚴重的問題行為時，我會先請孩子寫下他做了什麼行動，再以此為基礎來確認是否屬實，接著進一步瞭解整個事件發展的脈絡。

第二個階段是「W（Why）」，也就是詢問孩子做出問題行為的理由。

「你為什麼那麼做呢？」

我非常重視第二個階段「W」。即使犯錯了，也應該要給孩子能為自己辯

駁的機會。從這個過程，我們可以得知孩子不得不那麼做的原因。否則，**他們即使知道自己犯錯，也不會去反省，因為孩子失去被理解的機會，心裡只會覺得自己很委屈。**

就算只是微不足道的辯解，也可以瞭解孩子對於整個事件的想法，才能藉此引導他們，使他們自己意識到問題所在。如同在嫌疑犯被定罪之前，都要遵守「無罪推定原則」一樣，我也會透過「詢問理由原則」，試圖理解和同理孩子們。

透過「為什麼？」這個問題掌握孩子們內心深處的想法後，**最後一個階段則是「IF（If you）」**。

「如果你是○○○的話，你的心情會是如何呢？」

透過這個問題，可以幫助孩子脫離以自我為中心的思維，去思考受害者的心情。

「沒辦法無視扎在自己手上的小刺，卻看不見自己釘在他人胸前的大鐵釘」，人類就是會有這種盲點的動物。不過，只要換位思考，就可以客觀看待自己、反思自己的行為。如果孩子懂得換位思考，就算大人沒有向孩子射出「你做錯了」的箭，他們也能明白自己做錯了什麼。如同大海有淨化的能力，孩子們也有解決問題的能力。透過「提問式對話法」，可以引導出孩子潛在的問題解決力。

前面提到的對話法並非只有老師才能做到，也很適合父母使用。有個孩子因為對他人言語霸凌而惹出了問題，孩子的母親和孩子進行了長時間的談話，使他深刻反省了自身的錯誤，也開始改變錯誤的說話習慣。家長的智慧，有時甚至會令老師刮目相看。

我不只擔任導師，也在學生事務處負責行政工作，所以要不斷面對各種問題學生。有些學生持續因為同樣的問題行為受到懲戒，然而，他們的態度就如同自己是學務處的VVIP般。目睹這些孩子的狀況，我感到非常憂心，也體會到要讓他們真心悔悟難如登天。

請記住，讓孩子體會自己錯誤的唯一方法就是「對話」。如果明明進行了「對話」，孩子卻依然故我地反覆做出問題行為，那麼您對子女說的內容可能就不是「對話」，而是「說教」了。

「對話」和「說教」最大的差異在於，「對話」的本質是「提問」，而父母是從孩子身上得到問題的答案，還是自己單方面灌輸內容，會左右是否真的在「對話」。**「提問」代表著想瞭解孩子的心情，並且給予孩子反思自身行為的時間**。如果父母單方面想灌輸自己的價值觀或想法，孩子就絕不會針對自己的問題行為來反省。

不良的習慣和行為很容易養成，要往好的方向產生變化，卻需要很長的時間。不過，只要反覆叩問孩子的心門，總有一天，孩子會真心體會到自己的錯誤，身為父母的我們也會迎接到孩子開始變化的歷史性時刻。

期盼爸媽們能善用對話技巧，給予孩子悔過自新的機會。

曦允老師的溫柔叮嚀

我因為脊椎側彎，有段時間會做SNPE（Self Natural Posture Exercise，自我姿勢矯正運動）。指導我的老師曾經向我說明這個運動為什麼有效。他提到，如果依靠他人的力量來矯正脊椎，雖然效果立竿見影，但沒有他人的協助時，脊椎很快就會回到原本的狀態。但是，如果自己就能進行矯正姿勢的運動，雖然會花一點時間，但可以維持很久，也才能根本地矯正成良好的姿勢。我想著，正值青春期的孩子們不也是這樣嗎？

以父母或教師的力量來矯正孩子的問題行為時，雖然短期就能見效，卻難以從根本上解決問題。想要幫助孩子自主產生變化，就算會多花一點時間，也請信任孩子吧！總有一天，他們能夠在自己身上找到答案。

LESSON 20

讀懂孩子的心，成為孩子眼中「可以溝通」的存在

今年年初，有一則網路新聞讓我不禁產生「這是真的嗎？」的念頭。

有位高三生考上了首爾大學工學院，同時也備取其他大學的醫學院，然而他和父親因為針對該讀哪所學校而僵持不下。父親希望兒子讀醫學院，兒子則想去首爾大學唸工學院。和父親吵到筋疲力竭的兒子，使出了殺手鐧。他自己繳了首爾大學的學費訂金，同時打電話到其他大學醫學院，說自己就算備取上榜了也不會去讀。為了不要備取上醫學院，這位兒子做了完美的計劃。

然而，之後卻發生了更驚人的事。原來這位父親瞞著兒子，偷偷把兒子繳的首爾大學學費訂金挪走，他以為這樣兒子就不得不去讀醫學院了。結果，兒子落得了兩頭空，最終只好重考。

為什麼這個兒子不想讀醫學院呢？醫生是個令人稱羡的職業啊！

想必大部分的父母都無法理解這個學生的選擇。但其實原因很簡單——這

個孩子並不想當醫生。事情之所以會變成這個局面，正是因為父親沒有花時間理解兒子的心。

我小時候也曾盲從地想成為一名「醫生」。但等我再長大一點，我就發現自己並不適合從醫，我看到他人受苦時，就彷彿自己也受傷那般，容易失去理性，而且只要看到傷口和血，我的肚子就會開始絞痛。發現自己有這些狀況後，我放棄了當醫生的夢想。

事實上，「醫學院」或者「師範大學」這類學校是與特定職業相連結的，若希望子女就讀，一定要事先觀察子女的特質是否適合。此外，也要確認孩子對於未來要從事這類職業的看法、感受。

在毫無商議的情況下，父親單方面地決定兒子的人生，最後才發生了令人錯愕的狀況。如果那位爸爸曾經放下成見、嘗試與兒子溝通呢？

溝通時，最重要的是「讀懂對方的心」，換句話說就是「瞭解對方的需求（needs）」。無論父母的作為有多替孩子著想，若不符合孩子的需求，也只是做白工罷了。

身為教師的我也為了理解孩子們的心思而不斷努力。這個新學期，我最下苦工的就是營造與孩子之間的投契關係(rapport)，若與孩子之間維持良好的投契關係，較能夠順利地引導孩子，但如果與孩子之間的投契關係不良，孩子就很容易拒絕老師傳遞的訊息。每個人都一樣，只要覺得自己的想法被忽略了，就會降低關係中的信任感。對於青春期孩子而言，面對無法理解自己的大人們，他們只會更想反抗。

那麼，究竟要怎樣讀懂孩子的心呢？

方法比想像中更簡單。身為父母，可以**先提供孩子足夠的情報、給予充足的時間，讓孩子能自己做出判斷，接著我們再詢問孩子的想法**。

舉例來說，如果我們希望孩子在寒假期間能參與英語學習營隊。首先要做的是，提供孩子營隊的相關資訊，並說明參與營隊的好處、可能的花費，以及若參加營隊，寒假就不能盡情玩耍等需要犧牲的部分。通常孩子獲得充足的資訊後，並不會立刻做出決定，而會表示要先想清楚。等孩子自己想過一輪後，如果不想去，說話時可能會支支吾吾、顧左右而言他、特別注意家長的臉色；如果決定要去，孩子說話時的口氣應該會是開心且堅定的。但無論如何，**提供孩子充足的資訊，讓他理解做不同的選擇，各會有哪些優缺點，最後交給孩子做決定**。

正值青春期的孩子們有時像大人，有時跟兒童沒兩樣。**父母可能會認為在**

學業、前途等層面，孩子最需要長輩協助，就可能演變為直接干涉孩子的選擇。然而事實上，孩子更需要父母協助的是生活層面，也就是要協助孩子建立生活自理的能力。請試著信任、尊重孩子在學業、前途方面的自主性，這會幫助他們更能做出成熟的決定。

除此之外，就算事已成定局，也還是先說出孩子想聽的話吧！如果孩子表現得很出色，請稱讚他；如果孩子遭遇挫折或挑戰，需要被激勵，就請激勵他吧！偶爾換個角度，想像自己還是孩子時會需要什麼呢？如此一來就能夠看懂孩子的狀態、理解孩子的心、說出孩子想聽的話，當父母說出孩子想聽的話時，孩子也會認為父母是這世界上最瞭解自己的人。

曦允老師的溫柔叮嚀

「在你考上好大學之前，都要乖乖聽我的！」這年頭還是有父母會要求子女以自己的期待為優先。然而，孩子聽到父母這樣說，只會覺得心很累，結果就是與父母之間形成了一道牆，只能漸行漸遠。父母也是人，並非所有的判斷都是正確的。雖然身為父母，不可能希望孩子失敗，但無論如何應該讓他們親手掌握自己的人生。孩子自己的路，讓他們自己選擇吧！

LESSON 21

善用「傾聽」的力量，建立與孩子的親密感

覺得平常和子女對話都不太順利嗎？試著留意對話的開頭吧！您問了孩子什麼呢？

「這次期末考考幾分？」
「你這次考第幾名呀？」
「下次模擬考是什麼時候？」

對於這類問題，通常孩子的回答都是同一個。

「不知道啦。」

孩子們最討厭成績相關的話題，如果把這類話題當作對話的開頭，立刻就

會引發反感，當孩子心裡認定「等一下又要被唸了！」，就會為了避開這個情況，用「不知道」來中止對話。父母若想和孩子好好對話，開話題的時候一定要避開「成績」這個主題。

那麼，要問些什麼呢？推薦大家，**若想和孩子們進行真心的對話，可以用「夢想」當作對話的主題**。正值青春期的孩子們，可能只有半數曾經思考過「我的夢想」，許多孩子都是「沒想過」的狀態。沒有夢想並不是孩子的錯，沒有夢想的大人也很多，對吧？青少年們正處在尋找夢想的旅程中，所以還沒有夢想是理所當然的，別因為子女回答「沒想過」又大發雷霆。

當和孩子進行「以夢想為主題的對話」時，不需要要求孩子回答出一個了不起的夢想，而是**要在對話中讓孩子知道，父母會支持他們尋找夢想，當他們需要意見時，父母也會很樂意提供。如果發現孩子已經擁有自己的夢想了，但因為夢想也可能隨著時間流逝而有所調整，父母要做的是透過對話，幫助孩子整理思緒，讓他們得以享受這趟尋找夢想的旅程**。

「你最近對什麼感興趣呢？」

「現在學的東西裡，你覺得最有趣的是什麼？」

一開始孩子會草率回應是正常的，但漸漸地，他們會開始以認真的態度來回答，如果持續關心子女的興趣、持續詢問他們的看法，我們可能會發現，原來孩子的想法是如此獨特又深刻。

• • •

除了試著更換對話主題之外，**有技巧地聆聽**也有助於孩子敞開心扉。

當有人正豎耳傾聽著我們，並且與我們產生共鳴時，我們就會更期待和對方說話、認為對方很懂自己。為了讓子女感受到「正在被誠懇地聆聽著」，我推薦使用**「共鳴式傾聽法」**。

「共鳴式傾聽法」是一種傾聽的技術，又分為「消極式傾聽」和「積極式傾聽」，目的都是為了向對方表達共鳴、理解。

「消極式傾聽」包含兩種重點技巧，一是透過一邊聽、一邊點頭來表示理解；二是透過類似「然後呢？」「你可以多說一點嗎？」等句子，使對話能延續下去。

「積極式傾聽」則是複述對方說的話表示同理，例如用「原來你是因為這樣才生氣啊！」或者是整理孩子所說的內容，比如「你明明很努力，但是老師卻不知道你這麼努力，所以你才會這麼傷心啊！」表現出對孩子的理解。

上述內容並非我獨創，而是在韓國高一國文課就會學習到的溝通技巧。十幾歲孩子都能應用的技巧，相信對父母來說也不會太困難，採取這種表示共鳴的傾聽法、邀請子女一起對話，他們肯定會感受到「爸媽很認真聽我說話」，也會更願意表達內心的想法。

除此之外，**「共鳴式傾聽法」還可以搭配「I-message」（我——訊息）使用**，平時家長常用的可能都是「You-message」（你——訊息），以「你」作為話語的開頭：

「你怎麼這麼懶惰啊！」

「你就是這樣才會失去機會！」

「你——訊息」很容易給人被指責的感受，而「我——訊息」讓孩子們可以更加自在地與父母對話。試著將平時說話的主詞從「你」改成「我」吧！還可以進一步結合「事件——情緒——期待」的順序。例如：

「**我**看到你花了很多時間滑手機（事件），這讓**我**很擔心你的課業（情緒）。」

「**我**發現你沒有主動爭取那個機會（事件），**我**覺得有點失望（情緒），但**我**更想知道你選擇這麼做的原因（期待）。」

換個問法，孩子們的回應一定會更加柔軟、友善的。

● ● ●

有些孩子則是個性害羞，或者已經很久沒有長時間和家長對話了，這樣的狀況特別適合使用**「肢體對話」**。對話並非一定要透過「言語」來進行。雖然有些孩子非常討厭身體觸碰，但如果只是**「拍後背」**或**「拍肩膀」**，孩子們大多可以接受。父母可以透過拍孩子肩膀的同時說聲「我相信你！」或者一邊拍著肩膀、一邊說「沒關係！一切都會好起來的！」讓孩子感受到關愛。

● ● ●

除了更換對話主題、運用傾聽技巧、肢體動作之外，**改變對話的地點**也能幫助您和孩子好好地對話。我聽過有個平時都不怎麼和媽媽說話的女兒，某天她的母親約她一起去咖啡廳，在被音樂聲環繞的咖啡廳裡，母女倆竟然可以四目相接、邊喝咖啡邊談天，一聊就是好幾個小時。

很驚人吧？**如果您的子女平時在家也是省話一族，建議可以邀請孩子一起到外面去。**舉凡家裡附近的咖啡廳、公園或觀光景點都很不錯。孩子們在陌生的場合，只有父母是自己熟悉的人，所以很自然地會依靠父母，藉此機會與他們好好聊聊，可以創造很好的體驗。

孩子的青春期是與父母關係重建的最佳時期。這時期如果彼此太不相通，就會變成冤家，但如果好好相處，父母將會和子女成為世界上最親密的朋友。青春期時就養成與父母討論的習慣的孩子，在長大成人後發生任何事也都會最先和父母討論。

以青春期孩子喜歡的話題來開場，並善用傾聽技巧，積極傾聽孩子的想法，相信也會得到子女良好的回應。用心對話，能為親子關係打開一扇窗，讓陽光重新照耀彼此存在的空間與時間。

曦允老師的溫柔叮嚀

「什麼『我——訊息』？沒有直接說『我很火大！』就很了不起了！」有些家長會這樣主張。

雖然瞭解許多傾聽和說話的訣竅，但一遇到現實狀況就毫無用武之地，不少家長都有同樣的感受。不過，只要開始想著要練習用「我——訊息」對孩子說話，不知不覺中使用「你——訊息」的頻率就會降低。儘可能多練習幾次，剛開始或許會有些尷尬，但當您養成習慣時，就會發現這真的是與孩子建立關係的利器。

LESSON 22

避開「青春期」和「更年期」的諜對諜僵局

「唉，剛剛不該那樣跟孩子說話的……」

當父母的，大概都有過這樣的懊悔。然而，帶著情緒說話，可能會對孩子造成很大的傷害。即使是很清楚這一點的我，也曾經抑制不住怒火、脫口說出令孩子傷心的話……

當時我們班有個孩子受了傷，需要小心行動。我已經提醒那孩子很多次，不要穿著拖鞋穿越籃球場，不僅很容易被球K到，也很容易滑倒。但是那孩子每次都把我的話當耳邊風。直到某一天，我忍不住發怒了。

沒想到，孩子理直氣壯地反問我：「為什麼我不能走那條路？幹嘛一直要我繞遠路啊？」從話裡我聽見孩子滿滿的情緒，我心想：「不妙了！」孩子一定明白自己做錯了什麼，但因為他也感受到我的憤怒，於是瞬間變成了刺蝟，用更理直氣壯的態度頂撞我。

我意識到自己發出的怒氣，其實對於修正孩子的行為沒有幫助。

於是我深呼吸了幾次，試著讓自己鎮定下來，接著壓低了音量回應：「老師說過很多次，但是你都沒有聽進去，所以有點生氣。老師很擔心你再受傷。下次不要再去籃球場那邊了，好嗎？」

當我降低音量，孩子也很敏銳地發現我冷靜下來了，雖然嘴邊還在嘀嘀咕咕，但總算是點了頭。那天之後，這個孩子不再穿著拖鞋穿越籃球場了。

雖然我會聆聽孩子的想法，但不會對孩子的要求全盤接受。孩子的安全永遠是我最優先考量的，而我也必須教育孩子，讓他們能共同遵守規範。

其實每當得知孩子犯規時，我都會很生氣。青春期孩子即使對自己犯的錯心知肚明，仍然會擺出「偶爾犯規一次而已，還好吧？」的態度，讓人很難不生氣，但即使如此，我還是會儘可能降低音量說話，**因為態度越沉穩，孩子越能聽進去**。

青春期的孩子具有敏銳的感受力，比起說的內容，孩子更會注意到話裡的情緒。**尤其是對青少年罵髒話，更是大忌**。這個時期的孩子對暴力的語言也特別敏感，**長期遭受言語暴力的孩子，因為壓力不斷累積，最終會被挫折感所包圍，進而對他人採取攻擊性的態度，甚至在不自覺中轉變為言語暴力的加害**

者。**面對青春期的孩子，一定要謹慎發言。**

有位中國女演員，在提到自己長期被母親言語暴力的過往時痛哭失聲。這位演員的妹妹小時候就過世了，而正值青春期的她只要犯了錯，母親就會對她說：「妳當初就應該代替妹妹去死！」這個女演員如今已長大成人了，說起這段往事時還是非常心痛，可以曉得她內心的傷口有多深。

負面的事物特別容易感染他人，在親子關係裡尤其明顯。在教導青春期的孩子時，要儘量克制自己的情緒。帶著怒氣說出口的話，很可能傷害到孩子的自尊，讓關係瞬間降至冰點，孩子也可能在無形中複製起家長的模樣，甚至養成習慣。

雖然理性上知道要沉住氣，但實際與孩子對話時卻很難抑制住怒氣，對吧？一部分也是因為**當孩子來到青春期，許多家長也正好迎接到情緒起伏很大的更年期，形成「青春期」和「更年期」的諜對諜關係。**

「你青春期了不起嗎？我更年期也很累啊！」

由於荷爾蒙的變化，正值更年期的家長容易感到憂鬱、煩躁，原本以為自己還年輕，但隨著孩子逐漸長大，也開始意識到自己已經老了的事實，產生巨大失落感的同時，如果又遭遇孩子的反抗，不僅僅會生氣，更多的是傷心。很難去比較青春期孩子和更年期家長究竟誰比較辛苦，但有個很明確的事實是，如果用情緒衝撞情緒，雙方都會產生致命傷。

孩子對父母大吼大叫的瞬間，父母肯定會受到很大的衝擊。其實孩子這時也會被自己的反應給嚇到，但如果父母也隨之大發雷霆，一來一往之下，要修復關係會更困難。然而，再也沒有比「生下一個很像自己的人，再將他養育成人」更別具意義的事情了。下次**在情緒失控之前，身為家長的您，不妨先想像孩子長大後自信的模樣，再次抓穩自己的心吧！**

曦允老師的溫柔叮嚀

「早知道就不要把你生下來！」

這類否定孩子存在的話語，會損害孩子的自尊心，需要很長的時間才能修復。因此，家長無論再怎麼生氣，都要避免說出這樣的話。此外，子女也可能受到父母的影響，養成說暴力語言的習慣。當您發現自己一時無法消氣時，建議暫時休兵一下。謹記，怒氣只會招來更多怒氣。

LESSON 23

學會「如何發脾氣」比「不發脾氣」更重要

和孩子越吵越兇，怎麼辦？

通常造成越吵越嚴重的原因，早已不是一開始引起吵架的原因，而是因為對方發脾氣的樣子、說話的方式，彼此情緒都很滿才會一發不可收拾。

當憤怒的情緒支配整個大腦，我們就很難理性思考，開始口不擇言，該說不該說的都毫無顧忌地說出來，甚至做出絕對不該做的行為，只為了爭贏。

在情緒激動的時候，能讓自己冷靜下來的最佳方法是「以客觀的角度看待當下的情緒」。想像「情緒」是某種肉眼雖然看不見、卻以某種形式存在的東西，設想這樣的畫面，可以有效地消除負面能量。但是，我也很能理解家長不但要平息口角時產生的憤怒，還要耐著性子重新和孩子展開對話，真的不是件容易的事，尤其在對待無理取鬧的孩子時更是難上加難。

我在去年下學期短暫帶過三年級的某個體育班。當時有個孩子在上課時不停地自拍。讓我忍不住大聲喊道：「現在是自拍時間嗎？」這時，另一名女孩就回答說：「是啊！」表現出挑釁的模樣。

當時的我內心既慌張，也湧出了強烈的憤怒，擔心我如果就這樣退讓，會不會有損教師的權威，但我判斷在這種情況下發火是沒有意義的，於是選擇了退一步，我用穩重的態度跟孩子說下課後再談，化解了劍拔弩張的狀態。

情緒化的孩子和情緒化的教師發生衝突，只會給彼此徒增傷害。

在與孩子對話的過程中，如果情緒很激動，最好先暫時停止思考和說話。因為如果還繼續對話，很可能變成互相辱罵、甚至言語暴力等狀況。**如果覺得自己情緒逐漸變得激動，暫時先離開或者中斷對話也是一種方法。**等自己恢復理性後再進行對話，也較能同理孩子的想法。

親子間的衝突多在家裡發生，很多父母會在與青春期子女起爭執時脫口而出：「你給我出去！」對父母來說，這可能是讓反抗的孩子低頭的最終手段，但是就孩子的立場，會覺得自己像是忽然被房東單方面解約、趕出門的房客，也真的有青少年因為爸媽說出「你給我出去！」就憤而離家出走。

「只有未曾離家出走的孩子，沒有只離家出走一次的孩子」。「第一次」具有很重大的意義。因此，**無論有多麼生氣，絕對不能對孩子們說「你給我出去！」父母如此大發雷霆的失言瞬間，可能會成為孩子不良行為的起點。**

青春期的孩子總是令人捉摸不定，孩子們也常對我抱怨，本來決定開始念書了，但一聽見媽媽大吼「你怎麼還沒開始念書？」的瞬間就不想念書了。這並不是藉口，青春期的孩子會因為父母的嘮叨而瞬間喪失鬥志，所以請爸媽們別任由情緒左右自己的言行，這會將孩子也捲入情緒漩渦裡。

乾脆這樣想吧！孩子們本來就不會聽話。不管是四歲、七歲、十歲、還是青春期都一樣。期待越少，失望越小。如果我們的孩子非常聽話，不像一般的小孩，那真是值得感謝的事。但更重要的是，身為父母要先強大自己的內心，不要因為不聽話的孩子而被情緒牽著走。

《孩子的問題就是父母的問題》作者嚴峯亢提到，「管理情緒」是家長能好好教養孩子的關鍵。孩子們還小、難以自律，也缺乏理解大人的能力。如果爸媽希望孩子能懂事，請先試著管理自身的情緒，帶著耐心教養孩子吧。

當然，也會有該對孩子們發脾氣的情況，**關鍵在於「如何發脾氣」**。如果能在「接納孩子」的狀況下發脾氣，有邏輯地說明為何自己要生氣，同時對孩子的立場表示理解和認同，這樣發脾氣，可以得到最理想的效果。

在情緒激動的時候還繼續對話，就如同在一台剎車失靈的車上猛踩油門。為了不陷入最糟糕的情況，暫時放開油門、靜觀其變地等待吧！那麼，孩子很快就會帶著名為「理性」的好朋友來找您，帶您走向和平的談判桌。

曦允老師的溫柔叮嚀

如果想成為機智的父母，請避免凡事發脾氣。不妨思考用什麼方式來展現「憤怒」才是最好的。

有意義的發脾氣不僅能消除累積的情緒，有時在對孩子的問題行為給予指導時也很有效。身為家長，不需要忍氣吞聲，長期下來可能會釀出病來，只要學會控制「火候」來和子女溝通，就能成為有智慧的父母。

LESSON 24

掌握50：50對話比例，讓孩子主動侃侃而談

根據韓國二〇一四年的「青少年整體實況調查」結果顯示，與父母對話時間越多的青少年幸福感越高。也就是說，青少年平時和父母有越多機會對話，其壓力和離家出走的衝動就越小、對生活越滿意。然而，實際上隨著孩子長大，與父母之間的對話機會就越來越少，幸福感也越來越低。

這個研究結果充分說明了親子間的對話有多麼重要。但是處於青春期的孩子往往拒絕對話、緊閉心門。身為家長，該怎麼辦呢？

和青春期子女之間「聊不起來」，主要有兩個原因。**第一是「對話主題」出了問題，第二則是「對話方式」出了問題。**當父母和孩子對話的主題總是跟課業有關，對話內容全都是聊課業、成績、排名，就會導致孩子根本不想說話。

但是，如果換個話題，父母的反應常常讓孩子失望。例如當孩子聊起異性朋友，許多爸媽的反應都是：「不把握時間好好念書，光想著談戀愛！」如此

責怪孩子；如果孩子聊到感興趣的事，父母們不乏會這樣回應：「現在先努力讀書，興趣等上大學以後再培養都來得及！」孩子根本沒機會和父母聊開來，久而久之，孩子更不可能「開話題」了，對話中若總是只能得到「指教」，只會讓孩子覺得很無聊。

那麼，「對話方式」出了問題又是什麼情況呢？對話是指說者和聽者相互交流來形成意義的行為，但是大部分的父母並非和子女進行雙向交流，而只是單方面的說而已。身為爸媽若一直堅持自己的立場、想說的話，就算試圖和孩子對話，也無法真的好好溝通，只會受挫而已。

「反正我和媽媽沒辦法溝通啦！」
「反正爸爸根本不會聽我的話！」

在對話時，至少要達到「50%自己說、50%聽對方說」，這樣才能夠互相溝通，當對話的80%以上都是父母在說話時，孩子的心門就會關閉。

•••

那麼，該如何敞開孩子緊閉的心呢？

如果想和孩子親近，在日常生活中就要常和他們聊天。許多父母都認為和子女對話時比起「量」，更應該重「質」，而且要真誠；以情緒管理的角度而言，也強調至少要和孩子進行30分鐘～1小時以上的真誠對話。但是，一開始就要達到這種程度並不容易。

其實，**越少和子女對話，對話的內容就越應該從「日常小事」作為開端。當人在聊無關緊要的事情時會比較放鬆，不自覺就會說出真心話，甚至能說出原本難以啟齒的話。**不需要跟孩子特別約定「家庭會議」的時間，**像是飯後大家坐在沙發上看電視時、在超市買東西時等，剛開始的對話，選擇這類輕鬆的時刻就可以，先從聊平常的瑣事開始吧！**

很多時候，一開始只是持續著平淡無奇的對話，但後來很可能達到深入的對談。當他們解除武裝、不知不覺說出心裡話時，父母絕對不可以拒絕回應或否定孩子。「啊！原來你是這樣想的」**先以表示理解、共鳴的方式來傾聽孩子**，這一點非常重要。

如果在孩子敞開心扉的那瞬間爸媽說錯了話，很可能會讓孩子後悔開口，例如當父母說：

「真的嗎？你怎麼會做這種事？」

帶有「怎麼會、為什麼」的語句，很容易給人「被質疑」的負面感受。父母這麼回應的瞬間，孩子們就會感覺到譴責的箭即將要射到自己頭上，開始自責不該把真實的想法說出口。孩子好不容易才鼓起勇氣想要坦誠對話，如果不想讓他氣餒，最好不要這樣回應。

• • •

最近也很流行「飯桌對話」這種教育方法。「飯桌對話」是指在用餐時、大家聚在一起的時間進行對話。事實上，許多家長並不習慣在飯桌上邊吃邊聊，因為上一輩教育我們要專心吃飯、不能掉飯粒。但是，現今與家人最自然的相聚時刻，就是在用餐的時間。因此，飯桌上的對話逐漸成為凝聚家庭的重要文化之一。

想實現這一目標，家人之間要有所協議，安排「早餐」、「晚餐」還是「週末」都可以，要訂下一個時間，全家聚在一起吃飯、聊聊天。例如約翰・甘迺迪的母親選擇讓孩子們在早餐前讀《紐約時報》的頭條新聞，接著在用餐時，全家人會一邊討論、一邊傾聽各方的意見。不過，我們不必非得像甘迺迪家族那樣，進行那麼了不起的對話。**只要和孩子自然地分享日常生活、自然地交換意見，這樣就足夠了。**

如果無法順利協議出全家人相聚的時間，建議可以透過手機通訊軟體、電話或手寫信等多種方式，增加彼此對話的機會和時間。我在青春期和媽媽關係不太好的時候，也經常和她通信或傳簡訊。只要養成在日常生活中經常與子女對話的習慣，那麼一定能增加親子良好溝通的可能性。

曦允老師的溫柔叮嚀

「對話」是個很神奇的東西。雙方越常對話，可以對話的題材也會越多、對話的時間也會越長。在日常生活中，先和孩子從聊些生活小事、無關緊要的事開始，自然而然就會迎接到真誠對話的時刻。

孩子的真心話

曦允老師VS.學生吉雷的對談

#領導能力 #戀愛
#後悔 #不盲從
#妹妹 #榜樣

吉雷：大家好，我是學生自治會會長李吉雷。

老師：吉雷你好！正如剛剛你自我介紹提到的，現在擔任學生自治會會長的你，認為「領導能力」是什麼呢？

吉雷：我認為所謂的領導能力，是指領導者以身作則，引導其他人一起行動、共同前進的能力。

老師：那麼當領導者以身作則時，同學們都會跟著做嗎？在帶領學生自治會的時候，你有沒有遇到什麼困難呢？

吉雷：嗯……事情確實不如想像中容易解決。除此之外，雖然很想按照計畫來使用預算，但現實中執行起來有點困難。

老師：沒錯，事情常常不會按照原先的計畫發展，有時候只能儘量做到了！

轉眼間，吉雷也快要畢業了，有什麼想提供給學弟妹的建議嗎？

吉雷：老實說，我的體力不是很好，讀書時也常常覺得很疲憊。希望學弟妹除了讀書，也要重視體力的鍛鍊。另外還有，雖然我們下課後還會上補習班、回到家也會念書，但是上課時不要打瞌睡、專心聽課才是最根本的，很重要。啊！還有，如果可以的話，談場戀愛也沒關係。早點具備戀愛經驗，這樣未來在找結婚對象時也會有幫助吧？雖然我自己還沒有嘗試過啦……

老師：（笑）吉雷已經想得這麼遠啦？

那麼，到目前為止，吉雷有沒有最後悔的事情？

吉雷：這個嘛……我學過珠心算，但是後來放棄了，對這部分有點後悔。我的珠心算檢定成績曾經獲得兩次全國第一名。如果繼續學下去應該可以更好，但是學到一半就覺得無趣而放棄了。如果可以回到過去，我會跟自己說「就算有點無聊，你也要撐過去。」

老師：啊……感覺吉雷真的很遺憾啊！那吉雷覺得自己有得中二病的時期嗎？

吉雷：說實話，我覺得自己沒有很中二的時期。我沒有做過什麼讓父母擔心的事，只是和妹妹處得不太好，這部分可能會讓他們有點傷心。

老師：這樣啊！你和妹妹會因為什麼而吵架呢？

吉雷：我很努力不要讓父母操心，但是妹妹的個性稍微任性一點、偶爾會發點小脾氣，所以我想以哥哥的身分來糾正她，但是過程中很容易就會吵起來。我們才相差一歲，所以妹妹可能覺得我很好欺負吧？我們經常吵吵鬧鬧的。

老師：這樣啊！那，吉雷對妹妹有沒有感謝的地方呢？

吉雷：其實我也有想向妹妹學習的地方。比如我每次拿到零用錢，很快就會花光了，但妹妹不僅很會儲蓄，也很努力省錢。所以有時候她還會贊助我，從這點看來，除了很感謝，也覺得她很了不起。

老師：是啊！每個人都有優缺點。吉雷也努力看見妹妹的優點，等你們再長大一點，彼此一定可以互相理解的！那麼，下一個問題！吉雷未來想成為什麼樣的人呢？

吉雷：我想成為「不盲從」的人。不管別人怎麼樣，我想認真讀書，努力達成我想做到的事。

老師：「不盲從」的人啊，聽起來很帥氣！那麼，最後請吉雷對本書讀者說句話吧！

吉雷：我心中的榜樣就是我的父母。雖然也有些人不是這樣想，但是我身邊不少朋友都是這樣的。希望閱讀本書的家長們，都能將「子女會以父母為榜樣」這件事放在心上。

CHAPTER 4

成為孩子最可靠的內在教練

【機智引導篇】

LESSON 25

從孩子感興趣的事物裡，看見孩子的未來

每當新學期開始，我都會調查孩子們的生涯規劃。令人意外的是，很多青少年看起來有很多夢想，卻也有很多人是沒有的。除此之外，也有孩子每年的生涯規劃都有所改變，但這其實是件好事，因為這至少證明孩子有在思考和探索自己的未來出路。

您的孩子的夢想是什麼呢？如果您發現孩子會埋首於某些事情、對於特定的領域有高度興趣，這是很棒的，我們可以從中看見孩子發展的可能性。最近的教育趨勢越來越強調，除了學校正規課程之外，也要讓孩子參與具創意性質的體驗活動或課外活動，重要的是給孩子探索自己興趣的機會，我們看許多奧運選手的例子就能明白。

許多選手都是從學生時期就花費大量時間投入在運動中，後來才有機會成為國家代表選手，並在奧運上奪牌。孩子在學校進行的活動，和他們的夢想息息相關，也與孩子的未來息息相關。

記得那是在某天的朝會前，當時我正在監督孩子們打掃校園的草坪，忽然發現在泥土堆中有一隻奄奄一息的小貓，似乎是被媽媽遺棄了。隨著牠的身體越來越冰冷，我也愈來愈著急，正手足無措時，我靈機一動地想起平常就會照顧學校附近貓咪的妍美。沒錯！說不定妍美可以讓這小傢伙活過來！於是我急忙地把她叫了過來。

妍美看到小貓後，立刻用裝滿熱水的水瓶和溫熱的罐裝咖啡來提高貓咪的體溫，然後妍美拜託我去找注射器，她使用注射器將小貓咪嘴裡滿滿的泥土吸出來，同時為牠補充水分。不只如此，妍美還按摩了小貓的肚子，讓牠順利排出小便，挽救了那幼小的生命。

看到妍美努力的模樣，我感動到流下了眼淚。平時只覺得這孩子喜歡動物，但看到她沉著地處理緊急情況，可見已經累積了豐富的經驗，這孩子很有當獸醫的潛力啊！

從孩子感興趣的事物裡，可以看見孩子的未來。

舉例來說，一個喜歡動物的孩子，他的夢想可能是從事與「動物」相關的職業；喜歡「漫畫」的孩子，那麼他可能會夢想成為漫畫家。因此，有必要讓孩子有機會對外分享自己的興趣，除了可以成為孩子將「興趣」轉變成「才能」的機會之外，某種程度而言，也是一個讓孩子能與父母有更多溝通的契機。

我總是會努力記得孩子對什麼感興趣。例如記得他們喜歡的明星，有時候也會送他們那個明星代言的正版產品。就算只是韓幣一千多塊的小禮物，孩子也會表現出感激與珍惜。正值青春期的孩子們很重視「認同感」。老師購買了自己喜歡的藝人的產品，並當成禮物送給自己，會讓孩子產生老師「很懂我」的感覺。瞭解孩子們感興趣的事物並與他們分享，這點是與孩子們建立良好關係的超級祕訣。

去年我剛開始和妍美互動時，因為沒有跟她建立起投契關係（rapport）而吃了不少苦頭。但是，在得知她是一個「動物愛好者」之後，因為有了共同的興趣，也建立出可以互相瞭解的關係。

如果分享彼此關心的事物，自然就會出現共通的話題。父母和子女之間也是一樣的。

舉例來說，假設孩子對組裝鋼彈很感興趣，爸媽們不妨一起試試看，藉此建立和孩子更加親密的關係。另外，跟子女一起參與運動賽事也是個好方法。和家人一起去棒球場，一邊吃著好吃的東西、一邊幫支持的球隊加油，累積情感，也很不錯。

不過，**正值青春期的孩子不並會隨便和人分享自己有興趣的事，因為一旦分享，就等於允許對方進入自己的領域。因此，若想和孩子建立親密的關係，不如先從自己開始，坦率地與孩子分享感興趣的事物。**

青春期的孩子們感興趣的事情之一就是「性」，但是大人們通常無法認同這點，因為害怕引起孩子更多的好奇。然而，這其實是錯誤的思維。即使大人不告訴孩子，孩子也早就知道許多關於性方面的資訊，甚至比大人瞭解更多性行為相關的用語。有的高中生甚至會盜用自己父母的身分證號碼，以便能在網路上觀看A片，甚至和同學分享。

這種程度還只是小Case而已。有一次我甚至在家附近的便利商店，聽到小學生這樣的對話：

「欸！你看過A片嗎？」

「誰沒看過啦！」

他們看起來頂多是小學三、四年級的孩子，但對話內容實在太令我震驚了。當然看A片並不是犯罪，但是**如果孩子只會透過看A片來認識「性」，很容易就會對性行為產生偏見，甚至形成扭曲的性觀念。**隨著YouTube的活躍，許多頻道為了獲得更高的點擊率，不惜偷拍或上傳報復性色情影片，孩子可能接收到的「性資訊」管道越來越多元，因此，父母一定要對孩子進行正確的性教育，除了要讓他們知道如何保護自己的身體，也需要教育他們不能侵害他人的權利。

青春期孩子表面上說沒有想做的事，實際上他們對於「性、藝人、金錢、政治」等領域都有所關注。如果家長能大方與孩子討論、分享，並將這些案例轉換成正面的內容，就有機會促進珍貴的親子交流，和孩子建立起更加親密的關係，甚至，還能進一步與孩子討論其生涯規劃、幫助他們發現符合其興趣的發展方向。

曦允老師的溫柔叮嚀

孩子沉迷於偶像，怎麼辦？

這是許多家長擔憂的事，青春期的孩子很自然會對偶像感興趣，但他們對偶像的熱情也會隨著時間而淡化。如果問題並不嚴重，請尊重孩子的興趣吧！有些孩子甚至會因為喜歡的藝人叫自己認真讀書而發奮圖強，這可不是開玩笑的。也有些孩子因為認真寫「Fan Fiction」（以影視作品中的人物為主角所進行的二次創作）而受到歡迎，並以作家身分出道。

請家長們多地與孩子討論他們感興趣的事，給予他們好好發揮的空間吧！

LESSON 26

為孩子保留談「性」空間，學會保護自己、尊重他人

最近因為嚴重的空汙問題，學校教室也設置了空氣清淨機。這對於過去如豆芽般密密麻麻擠在教室念書的大人們而言，大概難以置信。孩子們只要下課出了教室，一到上課時間，空氣清淨機馬上就會亮出紅色警報，隨著這個「新成員」的出現，沒想到我的業務還新增了一項：開關空氣清淨機。

有一天，竟然發生了因空氣清淨機而起的黃色笑話事件。當時空氣清淨機是關著的，於是我請座位離得最近的男生把機器打開，讓機器頂部立起運轉。那位男生聽了之後，竟然是邊撫摸空氣清淨機的兩側邊說：「快點站起來！快點站起來啊！」這時其他孩子似乎意會到了什麼，開始嘻嘻哈哈笑了起來。

原本我還一頭霧水，後來才發現，原來這年紀的孩子可以很輕易地將任何情況和「性」作聯想。

正值青春期的孩子不僅對「性」很好奇，還會把黃色笑話當作一種娛樂，就算是在老師面前也毫不顧忌。有些學生會故意拿校園裡的樹枝擺出奇怪的姿勢；有些則會將課本上的詞彙刻意諧音唸成與性相關的詞彙，例如把「Organic（有機的）」唸成「Orgasm（性高潮）」。這類行為很可能構成性騷擾，但青少年大多缺乏對性方面的正確認知。

仍然有父母以為孩子到了青春期再接受性教育就好，實際上，**進行性教育的時間點應該要比青春期更早，我建議從精神分析學者佛洛伊德提出的性蕾期*（3～6歲）就開始進行性教育。**

佛洛伊德認為人的性發育起點是性蕾期，在這個階段，可能會出現各種因性而引發的「情結」，例如男孩在這段期間可能會對母親產生所謂「戀母情結（Oedipus complex）」，而不自覺把父親當作競爭者看待；女孩則會將同樣沒有男性生殖器的母親當成同類，可能對父親發展出「戀父情結（Electra complex）」等。而到了生殖期（11歲～）則會在性方面出現爆發性的成長。

---

* 佛洛伊德將人的發展以性心理分為五個階段：口腔期、肛門期、性蕾期、潛伏期、生殖期。

而介於性蕾期和生殖期之間的潛伏期（6～11歲），佛洛伊德認為在這時期，孩子的性能量較不會聚焦於身體上，是一段相對較穩定的期間。但是，隨著資訊傳播的速度加快，現在的「潛伏期」似乎有縮短的傾向。網路平台更是縮短潛伏期的推手。一不注意，孩子就可以輕易地瀏覽到成人影片，甚至曾出現小學生上傳以媽媽為偷拍對象的影片。因此，**有必要從孩子小學時期就開始進行性教育**。

有一次我偶然翻閱到德國的性教育繪本，那是一本以3歲孩子為對象的繪本，裡頭詳細介紹從「卵子與精子結合」到「嬰兒誕生」的過程，同樣的內容，在我國要到小學階段才會接觸到，當時我真的大吃一驚。除此之外，德國小學階段的性教育內容，在我國要到國高中階段才會出現。

韓國在性教育上仍然傾向保守，但其他國家早已紛紛進行更確實的性教育。例如在德國，甚至會和孩子談到性行為的體位；在日本，隨著孩子升上越高的年級，也會教到發生性關係的具體過程、生殖器的名稱和功能、保險套的使用方法等。我認為我們也應該向他國看齊，當孩子產生性好奇時，**如果大人用避而不談或蒙混的態度帶過，孩子就只能透過同輩來學習「性」，結果就是模模糊糊地學到錯誤的知識，而最糟糕的情況則是孩子只藉由A片等媒體來粗**

糙地認識「性」。

雖然很難強制禁止孩子看A片，但至少要讓孩子理解A片會引發的問題。A片的問題點在於「無視發生性關係的過程，只將焦點放在性行為上」。性關係是因為兩個人相愛才出現的行為，但**A片會讓觀眾誤以為性關係只是消除性慾的工具、對性關係的認知產生扭曲。我建議可以讓孩子觀看以愛情為主題的電影，藉此認識什麼是性。**

另外，「報復性色情影片」也引起了龐大的社會問題。「報復性色情影片」是指為了報復已經分手的戀人，而散佈對方在發生性關係時的照片或影片。過去有不少藝人因為捲入這類風波而中斷了演藝生涯。跟男性相比，這類影片對女性的打擊更大。我國也因此有民眾請願，要求政府加重對於散佈該類影片者的刑罰。

性關係屬於個人隱私，而散播報復性色情影片侵害了他人的隱私，屬於犯罪行為，但孩子在被戀愛沖昏頭時，很容易毫無保留地信任對方，因此也要讓孩子知道，對方沒有權利將性行為的過程向任何他人公開。

性教育也該隨著時代進步。現在的孩子發生第一次性行為的時間點越來越早。**與其告誡孩子絕對不可以發生性關係，不如向他們好好解釋為何不適合在青少年時期就發生性行為。**尤其女孩在青春期階段，身體尚未發育完全、生理週期尚不規律的情況下，為了以防萬一，一定要讓孩子知道避孕的方式以及其重要性。

以前我們被教導，萬一被性侵，一定要激烈抵抗。但根據許多事件結果來看，大多數強烈抵抗的人反而遭受更嚴重的暴力，甚至被犯人殺害。因此，最近的性教育理念會轉而建議，若不幸面臨這種情況，請避免強硬的抵抗，並儘可能維持體液等證據的完整性。儘管事情發生的當下會被害怕與絕望的情緒淹沒，但比起激怒犯人，這會是更加能確保自己安全的作法。

對於性的認識，也和孩子的生活與健康息息相關。

例如，沒有性經驗的人，注射子宮頸癌疫苗的效果會更為顯著，因此，建議讓孩子早一點接受子宮頸癌疫苗接種。現在的社會迫切需要對青少年進行「珍惜自己和他人」的性教育，讓青少年能發揮性方面的自主權。

曦允老師的溫柔叮嚀

我們學校最近進行的一場愛滋病預防宣導令我刮目相看。台上的講師不只給學生看了陰莖模型的影片，也明確告訴學生該如何使用保險套避孕、何時是使用保險套的時機等。原本這類宣導進行時，台下幾乎沒有什麼學生會專心聽，大家不是滑手機就是嬉嬉鬧鬧，但這場宣導完全顛覆了過往的情況，平時彷彿對什麼都不太關心的孩子們，紛紛舉手發問：「蚊子會傳染愛滋病嗎？」「可以去哪裡檢查是不是得了愛滋病？」等。

性是人類最自然的欲望，也是美好的行為。談性，並不骯髒，也不可笑，這是我認為很重要的、要傳遞給孩子性教育的態度。我期待未來給孩子的性教育會更加完整、細緻，不再讓孩子只能私下透過色情影片、刊物來認識性。

LESSON 27

「肯定」是比「稱讚」更具意義的正向教養

二〇一七年對我而言是個辛苦卻饒富意義的一年。

那年我不只帶國二生，又總籌學校社團的成果發表會，再加上我的個性龜毛，旁人覺得可以輕鬆帶過的事，我總會埋頭苦幹地做完。結果就是在我已經忙得焦頭爛額的時刻，還因為個性太過執著，被主任訓了一頓，但也因為如此，成果發表終於得以圓滿落幕。

「今年的成果發表真的好有趣！」

「張老師的熱情太無敵了！」

雖然接下這些工作令我疲憊不堪，但也因為得到了肯定，讓我很快就恢復了元氣。

無論做什麼工作，我們都很難不在意「他人的肯定」。**那孩子們呢？孩子們最想得到誰的肯定呢？這其中最重要的就是老師和父母的肯定。**除了朋友之外，老師和父母是孩子最重視的人。得到父母或老師肯定的孩子，會感受到無比的快樂。

談到「肯定」孩子，很多人會認為就是「稱讚」孩子吧？不，「稱讚」和「肯定」雖然很相似，但其實有所不同。

如果說「稱讚」是對於孩子表現好的行為給予讚美，那麼「肯定」則是對於孩子的行為、態度或性格本身表示尊重的言語和舉動。「肯定」比「稱讚」更能提高孩子的自尊心。

《你無法傷害我（Nobody can hurt me without my permission）》一書的作者，同時也是心理學家的瓦德茲基（Bärbel Wardetzki）非常重視「肯定」的價值。她表示，渴望得到肯定和尊重，是人類的基本需求，並指出缺乏父母肯定的孩子會出現的種種問題。以孩子的立場而言，想得到愛和認同的對象，首先就是父母，如果落空，孩子很容易會認為自己是個令人失望的存在。發現自己無論再怎麼努力也無法獲得父母肯定的孩子，未來會企圖透過在社會上取得成功及崇高的地位，來提升自己的自信，然後陷入只要那樣做就可以得到更大的肯定的錯覺。

當孩子可以獲得父母的肯定，成長為一個有健康的自尊心的人時，就再也不會為了獲得別人的肯定而筋疲力盡，因為父母給予他的關愛和肯定，已經足以讓他尊重自己、相信自己。

就以金研兒為例吧！原本並不擅長花式滑冰項目的韓國，是如何誕生花式滑冰女王金妍兒的呢？金妍兒選手的母親是第一個肯定金妍兒能力的人。她的母親堅信女兒擁有充分的才能和資質，也相信若投資孩子的才能，她肯定可以做得好，所以不惜一切支持女兒。

而我的父母從小就常常肯定我凡事認真努力的個性。除此之外，我曾經有段時間覺得自己就像得到了全世界的肯定，那是在我國三時發生的事。

我們國中每年都會頒發優良行為獎章。那年是：其中一項是「遵從紀律獎」。班導當時把我叫到辦公室，對我說：「當初很多同學都提名妳喔！妳真的實至名歸，老師也非常感謝妳在我們班。」

時至今日，那段話依然在我心中迴盪，我偶爾也會跟學生分享這個故事，每一次我都會哽咽，透過老師的話，我深刻感受到「我」的價值被肯定了。

「在這個世界，至少還有一個人這麼肯定我！」我產生了這樣的念頭，也下定決心未來要成為一個既認真又有智慧的人。現在的我也努力把當時得到的認同感傳遞給孩子們。

小小的肯定，就能改變孩子。即使孩子的努力看起來很微小，我也會試著肯定他們的付出。當孩子被肯定時，才會感受到自己的存在是多麼重要、多麼珍貴。從一些成功人士的故事中也不難發現，父母的肯定和支持，時常是成就他們的最堅強後盾。

「肯定」包含了兩種關鍵能力，一是能夠「發現並認可對方的長處」；二是能夠「接納自己和他人不同的部分」，也就是「察覺與接納」。的概念。因此，「肯定」是比起「稱讚」更有意義的教養方式。

肯定孩子獨具的特質吧！他們必定能跳出專屬自己帥氣優美的舞姿。

曦允老師的溫柔叮嚀

人本主義心理學家馬斯洛提出了人類的需求層次理論，他將人的需求分為五個階段：

位於最底端、也最基本的是「生理需求」，接著往上分別是「安全需求」、「愛與歸屬需求」、「尊重需求」，最後則是「自我實現需求」。其中「尊重的需求」就是指想要被肯定的需求。因此，如果想達到最高的自我實現階段，就必須先獲得他人尊重和認可。

獲得父母肯定的子女，不管身在何處都能對自己有自信，能夠勇於追求自我實現。若希望子女將來能成為大人物，務必養成肯定孩子的習慣：

「我相信你會做得很好！」

「你果然做得很好！」

「這陣子很辛苦吧？爸爸覺得妳很了不起！」

LESSON 28

成長過程中的「尊重」，會化為孩子克服萬難的勇氣

人與人之間最需要的是「尊重」。

我發現當人感受到被尊重時，內心會自然地有所感動，對於青春期的孩子來說也是一樣的。

那麼，什麼是尊重孩子的表現呢？

例如，以父母的立場來看，真的無法理解為什麼孩子要打扮得那麼「潮」，也不要輕易地批評，而是試著尊重他的喜好；除此之外，絕對不要拿孩子和其他人比較，試著接納他原本的特質、學習欣賞孩子。

如果孩子不只沒受到尊重，還受到大人的忽視或批判，自然就會想「反抗」。而我之所以可以如此肯定「尊重」的重要性，是因為我也曾有過不尊重孩子而失誤的經驗。

那是幾年前，我在橫城人才養成館教學時發生的事。那裡的一對兄弟，哥哥念國三、弟弟念國一，那次兩人都考了全校第一名。我在弟弟面前稱讚哥哥

也表現得很好，在哥哥面前稱讚弟弟也表現得很好，我單純地發自內心認為他們倆都好優秀，因此我對自己說的話不以為意。

然而，直到在舉辦家長座談會時，這對兄弟的母親特地來找我，我才明白自己做錯了什麼。他們的母親對我說，兄弟倆都很敏感，所以拜託我不要拿他們來作比較。

當時的我感到一陣羞愧，也覺得很委屈。明明是稱讚的話語，有什麼好心情不好的呢？但仔細一想，才明白我的想法是錯的。雖然我並沒有比較或責怪他們的意思，但從孩子的耳朵裡聽起來，就如同被我責備「你做得比較不好！」那般，並不覺得開心。

透過這次的經驗，我瞭解到，即便是出於好意，但如果造成孩子自尊心受損，就等同於做錯了。正因為有過失誤的經驗，我才得以更瞭解孩子的特質和需求，成為一位更懂得尊重孩子的老師。

• • •

我也想起另一個孩子——智翔。

我們學校每棟建築物門口都放了一塊腳踏墊，唯有與垃圾場相通的後門門口沒有放腳踏墊。當時班上的智翔提案說，與垃圾場相通的後門也應該要放一塊腳踏墊才對。

在智翔提案之前，我從未想過這件事，但聽了之後覺得這個提議很有道理，我於是積極跟學務主任建議。一週後，垃圾場後門的門口也放置了腳踏墊。智翔看到後大吃一驚地問我：

「是因為我的建議才放了腳踏墊嗎？」

「當然是啊！」

那一瞬間，智翔的表情忽然變得很開朗。對他來說，總是忙得不可開交的老師，竟然認真聽取了自己的建議，並且幫忙解決了問題，這讓他深深感受到被重視，也更確定自己要成為一個會積極解決問題的人。

• • •

怎麼做會讓青春期孩子感到受尊重呢？

我推薦從以下三個層面開始試試看。

第一，尊重孩子本身。

韓國知名政治人物安哲秀的母親非常尊重兒子，甚至會對兒子說敬語，這在韓國是非常不可思議的情況，他的母親的教養觀，讓兒子得以成為一位醫生、企業家、政治家。

我的父母也非常尊重我這個長女，經常跟我討論家裡的大小事，母親甚至對我說過，就算有十個兒子也無法取代我。那句話讓我在出社會後，不會因為男人而產生自卑感，讓我能愛著身為女性的自己，並且保持對生活的熱情。這股力量的源頭，我想正是我從母親身上所得到的尊重。

第二，尊重孩子的興趣和才能。

我們的上一代，只要看見孩子對課業以外的東西過於投入，就會開始罵人。如果孩子說自己喜歡彈吉他、喜歡唱歌，就會被問做那些能賺錢嗎？有飯吃嗎？用這樣的方式加以否決。

但是，時代改變了。持續做著這些喜歡的事情的人，不僅可以賺到錢，還能吃得比別人飽。因此，如果孩子有一件可以開心投入、又能做得好的事，身為父母就應該尊重他。因為這些興趣可能為孩子帶來好的影響，甚至改變孩子往後的人生。

例如在YouTube上經營「Cho's daily cook」料理頻道的李勝美，她親自拍攝與上傳各種料理的影片，從韓式料理到甜點烘焙等都有，畫面很吸睛。她提到自己並不是餐飲科班出身，但她從小學就喜歡看料理節目，也會從報章雜誌蒐集自己感興趣的食譜，開始培養烹飪實力，後來才將料理的過程製作成YouTube影片。也就是說，她並不是在長大後從一堂烹飪課開始愛上料理的，而是很自然地感興趣，在經過長時間投入研究、學習之後，成為了一位專家。

所以，孩子的興趣和才能，才是他們前途最重要的基石，也是寶石。

第三，尊重孩子的意見。

前文提過，青春期孩子因為大腦的前額葉尚未發育完成，所以偶爾會衝動行事，但有些時候，他們反而能比大人更敏銳地掌握本質。

我曾在班上舉辦「智慧金鐘獎」比賽，答對最多題目的人可以獲得學習單作為獎賞。那時我們班的朱曦對我提了一個犀利的問題：「老師，得到優勝的人還需要寫學習單嗎？」的確從邏輯上來說，答錯越多的人才更需要寫學習單。聽了朱曦的疑問之後，我決定改變作法，將答錯最多的人訂為比賽的最終優勝者，而學習單仍然是優勝者的獎品，讓這場比賽顛覆了一般比賽的概念。

幾乎所有的成功人士在成長過程都有得到來自父母的尊重。而這樣長大的孩子，自然而然能成為擁有自尊心的大人，也會有無論發生什麼事情，都能把事情做到最好的堅定力量。

尊重，可說是父母能帶給子女最棒的禮物。

曦允老師的溫柔叮嚀

某一天，當我正在為校慶活動忙碌時，接到了一位一年級新生家長的電話。那位家長說，孩子很滿意自己的學校，還自信滿滿地向其他學校的朋友炫耀。我回應：「我想，是我們學校的老師都很尊重孩子！」孩子在哪裡感受到被尊重，就會越喜愛那個環境。

孩子們長大進入社會後，比起聽到「你可以的」這類肯定的語句，更容易聽到的是消極的回饋。因此，在孩子青春期時，多聽聽他們的意見，可以幫助他們長出自信和自尊以面對未來的挑戰。

然而，尊重孩子不等於要一味贊同孩子，我們也會有覺得不可行的時候，這時要清楚跟孩子說明不可行的原因，不能含糊帶過，孩子會理解這也是源於父母的尊重。

LESSON 29

父母的角色不是「監視者」，而是「引路人」

幾年前發生了一個震驚全國的事件。

有一位考了全校第一名的高中生，用菜刀殺死了自己的媽媽。由於無法處理媽媽的屍體，便伴屍八個月之久，最後因為被他人發現而曝光。聽到這驚悚的悲劇，最令我心痛的是孩子在媽媽死前那一刻的對話內容。

母親滿身是血地含著眼淚、艱難地詢問孩子：

「你這樣做，以後就沒辦法正常過日子了，為什麼要這樣呢？」

「再這樣下去，媽媽總有一天會逼死我，我是被逼的！媽媽妳不懂的事實在太多了，對不起。」

如果這不是真實的事件，該有多好。

事實上，那個孩子受到了嚴重的虐待。他的母親在孩子小時候就和丈夫離婚了，她對兒子非常嚴格，甚至會虐待他。例如以要讓孩子讀書為由，讓孩子三天都不能睡覺、也不能吃飯。有時讀書不小心打瞌睡，就會用高爾夫球桿不斷毆打他。因此，在他的身上總是有瘀青，事後調查時也發現孩子的臀部有部分凹陷。持續遭受這般虐待的孩子產生了一個極端的幻想，認為如果不先殺死這位「監視者」，自己或許會先死去。因此最終才演變成如此悲劇。

以上雖然屬於極端事件，但是，**當孩子認為父母不過是監視自己的人，自然就會產生敵意，認為父母等同於壓力源，只想離得愈遠愈好。**

即便在此時此刻，依然有許多父母認為，只有牢牢看緊孩子，才能真正照顧好孩子。不過，以結果來說，凡事都看得很緊，並不利於教養。

我曾在下班途中接到一通學生家長的電話，說孩子沒去補習班、也聯絡不上。家長已經確認過各種事項，例如學校這天有沒有晚放學、當天孩子是不是值日生所以要留下打掃等，但都不是，是真的找不到人了。我聽了之後也很擔心，四處打聽，但始終不知道孩子究竟去了哪裡。

隔天，我發現孩子原來是和朋友去了網咖，而且連覺都沒睡好。

我一方面覺得幸虧沒發生什麼大事，另一方面又覺得不惜將手機關機、只為了尋找一點自由的小傢伙很可憐。所以，我對這個孩子說，你可以翹掉補習，但如果把手機關機搞消失，爸媽會很擔心，就算會被罵，也要傳個簡訊跟媽媽說：「媽媽，我今天不想去補習班，我想去玩！但是不用擔心，我晚點就會回家的！」我如此勸告了這個小孩。

•••

自從有了智慧型手機，孩子很容易就會獲得家長的「關切」。例如時不時用LINE詢問孩子是否在認真讀書？今天跟誰見了面？要回家了沒？……手機和社群媒體如同監視系統般，讓父母忍不住就想確認一下系統畫面，瞭解孩子的狀況。

然而，孩子和大人一樣，都需要獨處的時間和空間。如果自己的生活必須完全透明化，做任何事情都要以他人的喜好和期待為優先，任誰都會感受到壓力，久而久之就會失去主導自己生活的能力，也容易演變為憂鬱症。

尤其青少年時期是建立自我認同的時期，孩子很需要有充足的機會可以專注在「我」身上，例如：「我」喜歡的、「我」想做的、「我」擅長的……等等，家長要學習稍稍鬆手，讓孩子得以找尋自我。

如果家長想完全「控制」孩子的生活，那麼孩子就會陷入「自我」被搶奪

的感覺中，也會不自覺地對於控制自己的父母產生敵意。如果子女的反抗越來越嚴重，並且表現出只要是父母說的話就反射性「抗拒」的態度，那麼就得留意了，這時父母很有可能已成為子女心中的「監視者」。

孩子若在持續被強迫、控制的狀態下生活，很可能會忽然出現脫軌的行為，例如：明明上課上得好好的，卻突然不去上學或輟學、突然離家出走，或者已經上高中甚至大學了才出現叛逆行為等。

家長應該成為孩子的「引路人」，而不是進行監視和控制。

那麼，家長可以在哪些方面為孩子引路呢？

第一，引導孩子找尋夢想。

許多父母都會告訴小孩，一定要考上哪些學校、從事能賺大錢的職業，才可以獲得社會的肯定。但是，這真的能帶給孩子幸福嗎？看看從醫學生變身紐約韓式餐廳主廚的金勳先生的故事就可以知道，做自己喜歡的事才會幸福。

我們要引導孩子去追夢，去追一個會讓自己感到幸福的夢、選擇一條會讓自己幸福的路。

第二，引導孩子走向良善。

這裡提到的「良善之路」是指「不傷害他人，並活出能發揮善良的影響力的人生」，如果不和孩子強調良善的力量，只強調要獲得物質方面的成功，即使孩子功成名就，骨子裡也可能是只為自己一人著想的「怪物」，例如壟斷國政的智囊團就是這一類人的典型。

我們要引導孩子走向良善，成為願意與人分享、照顧他人的人。

當父母用「引路人」的眼睛，而非「監視者」的眼睛來看待子女時，孩子就可以成為一個勇於追夢、也能照顧身邊人的成熟大人。

曦允老師的溫柔叮嚀

緊盯孩子的FB、IG，時不時就用LINE詢問孩子在哪、在做什麼的家長越來越多了。過去使用社群媒體的世代僅限於十幾、二十幾歲的孩子，但最近使用社群媒體的年齡層擴大了，如果父母也是孩子的「臉友」或是「follower」的話，請滿足於「觀看」的程度就好。因為，如果父母以社群媒體上的資訊為基礎，試圖干涉孩子，孩子們很可能就會躲到其他小帳*裡頭。如果孩子沒有遇到什麼大問題，家長不妨裝作不曉得孩子發布的內容吧！這也是個維持親子關係剛剛好的距離的好方法。

＊ 譯註：現今青少年大多將其發表的、更為私密的內容發布在主帳號之外的其他帳號，並以「小帳」代稱。

LESSON 30

兩次指責、八次激勵，孩子可以自己戰勝失敗

雖然現在的我是一位老師，但我曾經非常討厭老師這個職業，因為我曾有過被學校老師狠狠傷害的經驗。

那時剛升上高三的我，參加了班級幹部選舉。選舉當天，我做足了準備，連演講稿都寫好了。然而班導卻在我上台發表完之後，對我說：「一切都很好，但是啊，這麼無聊的內容還講超過5分鐘，不覺得對不起台下的人嗎？」我被班導如此指責了。那時我心想老師一定是覺得我的演講很乏味。但是，老師在公開場合，把我盡全力準備的演講評為「對不起台下聽眾的演講」，我感覺自己受到了很大的侮辱。

那次經驗讓我領悟到「責備並非總是對的」。**與其藉由責備來傷害對方，不如以激勵來支持對方，這樣反而更有教育意義。**

每個人都喜歡帶著善意的人，尤其是青春期的孩子們。青少年會將父母的激勵視為善意，將責罵視為敵意。

記得每當段考結束，很多孩子都會因為考得不理想而心情低落。如果回家後又被父母責備，孩子隔天上學的表情就會更加沉重。

「你為什麼只能考到這種分數？」

「你就是每天只會滑手機，才會考不好！」

有些父母會使用傷害孩子自尊心的言語，嚴厲指責孩子。似乎多數的家長都認為要讓子女認真念書，就必須拿出鞭子。然而，對於青少年來說，即使世界上所有人都不看好他，他也仍然會期待父母站在自己這邊。這時候，父母如果只想扮演一個冷酷的鞭策者，孩子就會頓失所依。

其實，青少年比想像中聰明得多。

每當孩子對我說：「老師，這次我考差了！」我問孩子為什麼沒考好，從他們的回答中，我往往能夠發現他們比我以為的更懂得自我評估和反省。

「其實這次我沒有盡全力準備。」
「那個題目上有寫提示，但是我沒看清楚。」
「題目有很多讓人混淆的地方，所以我只好隨便猜。」

對孩子而言，考試考差是非常大的挫折。因此，爸媽與其在傷口上撒鹽，不如試著向孩子提問，給他們機會反省在準備考試的過程出現了什麼問題。在對話的最後，如果能再加上一句激勵：「我相信你下次會做得更好！」，相信孩子一定會令你刮目相看。

青春期的孩子們正處於人類發展階段中的「形式運思期*」在此時期，他們越來越能夠進行抽象思考和自我反省，孩子可以充分地反省自己的錯誤，將自己的思考用文句清楚地表達出來。因此，請給予他們充分檢視自身問題的機會，等他們反省之後，再鼓勵他們好好重新出發吧！

除此之外，比起稱讚，「激勵」會是更大的擁抱。稱讚是以孩子們「表現好」的部分為主；相反地，「激勵」是當他們表現不好時也可以派上用場的。

「失敗了沒關係，只要再細心一點，下次就能做得更好！」這就是激勵。應該用溫暖的言語和行動帶給孩子力量，讓他們能自己戰勝失敗。比起指責，溫暖人心的激勵方式更能成為孩子的精神保護傘，能夠將他們從挫敗感中拯救出來。

不過，在養育青春期孩子的過程中，也不能光是激勵、毫不指責。假如真的發生了必須指責孩子的事，就應該要在指責的同時也給予激勵，將孩子的心理傷害降到最低，**建議可以將指責和激勵的比例調整成「指責2次、激勵8次」，就可以提高指責和激勵並行的效果。這麼一來，孩子們才能夠不氣餒地為了下次機會付出努力。**

* 教育學者皮亞傑（J. Piaget）將兒童至青少年的發展階段大致上分為四期，從第一至第四期分別為：感覺動作期、前運思期、具體運思期，以及形式運思期。

曦允老師的溫柔叮嚀

被人指責時，會有什麼感覺呢？

如果是公司職員，被上司責備時，我們會覺得難過、憤怒，也會降低工作的動力吧！如果是全職主婦，被婆婆指責沒有顧好家裡時，心情又是如何呢？可能會責備自己無能，也可能對自己的處境產生負面的想法吧！

因此，對於指責別人的言行，必須非常謹慎。尤其越是嚴重的錯誤，越該謹慎地指責。因為那等於是在對做錯事的當事人再補上一槍。這種情況下，建議指責內容要簡短、激勵的內容則要多說一些，在指責青春期的孩子們時，只要不吝於激勵他們，就可以防止他們的自尊心受傷。

LESSON 31

成為孩子心中最信任、想追隨的「人生前輩」

一位母親來找我訴苦，她說自己的孩子常對她說：「好想要有個姐姐喔！」這讓她感到很為難。比同輩稍微成熟一點的孩子，似乎有更喜歡姐姐的傾向。為什麼孩子會發出這樣的感嘆呢？

青春期的孩子喜歡比自己卓越、但年紀相近的人，所以不只會想親近學長姐，也喜歡親近年輕老師。尤其國中的孩子對學長姐的情感特別矛盾，摻雜了一點害怕、一點憧憬，又渴望變得親密，也因此「學長姐」對青少年具有強大的影響力。

從我進入校園教書開始，就一直很希望成為如同學長姐般的老師。為了成為孩子心目中信任的、想追隨的、如同「前輩」般的存在，我仔細地觀察了具有影響力的學長姐的特徵，發現有以下幾個：

第一、不強迫人。「不強迫」的態度對於青少年特別有魅力，因為這反而會使他們更好奇。舉例來說，如果有學長問孩子要不要抽菸，如果孩子是被強迫的，那麼之後只要想到抽菸，就會聯想到被強迫的情境，進而連結到負面的感受，自然就不會喜歡抽菸了。但是，如果學長沒有採取強迫態度，而是把主導權留給孩子，那麼孩子很容易就會上當。**「你也想試看看嗎？」**這種提問的方式比想像中更具誘惑力。而且歷久不衰。

我想起母親曾和我分享她當初選擇念「高職」的原因，竟然只是她崇拜的學姐對她說「來我們學校的話，妳一畢業就會有工作，想往上讀大學也可以。要來嗎？」於是她令人跌破眼鏡地選擇了「高職」，連她自己都沒想到自己會做這樣的選擇，直到入學後才發現，職校所學的內容和一般高中差異很大，因此也很難考上大學，她直到那時候才搥胸頓足、後悔不已。

學長姐的話如同春風般，吹得學弟妹的耳朵癢癢的，悄悄地就抓住了他們的心，雖然輕柔，卻比父母的「指示」有力許多。

第二，展現出令人崇敬的態度和行動。有些學生跟我提過，因為發現擅長某種運動的學長姐看起來很帥氣，所以就跟著他們進了運動社團，甚至有學生因此成為職業運動選手。「我也想變得像某某學長一樣！」孩子產生這種期待後，就會開始想模仿學長姐的舉動。

同理，老師、父母如果想要抓住孩子們的心，就應該要讓孩子看見自己認真生活的樣貌，**例如在學習新事物、鑽研興趣、經營事業等方面展現出勇於挑戰的態度。比起挑戰後得到的結果，父母勇於挑戰的姿態更能長久留在孩子心中。**

第三，不是當「解決問題的人」，而是當「願意傾聽他們的人」。

很多父母都會忍不住想直接幫孩子解決問題，但「學長姐」不會那麼做。令人崇拜的學長姐，**會以學弟妹的視角來理解他們遇到的困難，並且跟他們一起思考適當的解決方案。**即使沒有能力解決學弟妹的問題，也依然可以**傾聽他們、同理他們、鼓舞他們。**「好前輩」可以帶給孩子們很大的安慰。父母也可以試試看，努力以孩子的角度來**傾聽他們的苦惱，讓他們從討論中獲得自己解決問題的力量和勇氣。**

●●●

近年來，父母的角色比起之前似乎更加多元，當孩子生得少時尤其明顯。

有時要像他們的好朋友，有時又要像人生導師……，父母得扮演孩子生活中所需的各種角色，在精神上給予支持，讓他們能夠在這複雜的社會中順利生存。我認為，結合這所有角色的人物就稱為「前輩」。被孩子真心視為前輩的對象，就會對他們產生很大的影響力。

父母認真生活、勇於挑戰的模樣，會成為孩子生活方向的指南針。建議可以從自己的工作領域開始與他們分享，因為那是孩子完全沒有經歷過的新世界，會對於自己不瞭解的領域感到好奇，如果能讓他們多瞭解父母的工作內容，甚至親身體驗，就會更有意義。

當個好父母不容易，當個好前輩更難。如果能擺脫權威的教養觀、以愛惜學弟妹的心態來對待孩子，也積極地開拓自己的人生，肯定能在青春期子女的眼中成為帥氣的父母、成為最耀眼的前輩！

曦允老師的溫柔叮嚀

通常父親對兒子、母親對女兒具有較大的影響力。研究結果顯示，重視職場表現的母親，女兒往往也會成為努力工作的女性。若很希望與青春期孩子親近、卻不知道怎麼做時，就努力成為孩子的好榜樣吧！

透過為他們的生活帶來更多正面的影響力，展現勇於面對挑戰的姿態，以此引領孩子。這麼一來，孩子不僅會對父母產生崇拜感，也可能就在凝望父母的過程中，明確了自己的人生方向。

LESSON 32

向孩子表達愛吧！別讓沒有說出口的愛成為遺憾

不久前，有一部非常有趣的電視劇，名叫《機智牢房生活》。這部電視劇的人氣角色之一，是畢業於首爾大藥學院、後來卻因吸毒而入獄的「小迷糊」。

小迷糊小時候家裡窮，他的母親總是忙於賺錢，他因為身體常常髒兮兮的而遭到霸凌。小迷糊認為母親是個視錢如命的女人，因為不管是他去日本留學兩年後歸國，甚至是外婆去世時，母親都還是鐵了心開店做生意。因此，雖然他們家的經濟狀況一天比一天好，但小迷糊在精神上始終沒有可以依靠和信賴的對象。他與日本留學時結交的同性戀人分手後，變得越來越孤單，最終染上了毒癮。劇情在此時出現了轉捩點。原來小迷糊的母親是個很感性、也深愛著自己孩子的女性，但她不曉得如何用溫柔的方式對子女表達愛意。當她得知小迷糊吸毒時，也只能含淚檢舉自己的孩子。

如果這位母親曾經溫暖地擁抱在青春期如此彷徨的兒子，情況會變得如何呢？為什麼小迷糊明明擁有深愛自己的媽媽，卻總覺得自己是一個人呢？**很多父母都認為，就算沒有說出口，孩子也應該明白自己的愛，其實，當父母沒有明確對孩子表達關懷和愛意時，孩子是感受不到那份愛的。**

現在這個時代，養育子女的困難度大大提升了。父母都忙於工作，即使想和正值青春期的子女聊聊天，也很難抽出時間。在日復一日的生活中，就這樣漸漸地錯失了那份想要觀察與瞭解孩子的心意。

• • •

在聽到我要寫一本書給青春期子女的父母時，我的恩師崔英蘭老師給了我意想不到的建議：

「曦允啊！每每遇到孩子有狀況時，家長和老師彼此都認為問題不在自己、而是在對方身上。其實最根本的問題在於我們社會的勞動結構，不是嗎？當一個家庭沒有充足的經濟實力，也沒有時間來教育孩子，才會導致孩子一再出現問題啊！」聽了這番話的我，也產生了一些新的想法。

確實，在家長為了賺錢養家而疲於奔命的情況下，想養好搖擺不定、情緒化的青春期孩子是一件非常困難的事情。即使如此，我有件務必要拜託父母的事情，那就是「千萬不要放棄觀察孩子的心思」。如果總是把孩子的心情拋在腦後，只顧著賺錢，等到孩子犯錯了才糾正、指責，可能就為時已晚了。未來孩子長大了，「媽媽什麼時候關心過我？」「為什麼現在才忽然關心起我來？」的這些話語，也會如同利刃插在父母的心上。

●●●

我想起一位學生，他的父親在十年前因交通事故去世，母親再婚後，兒子逐漸走偏，甚至離家出走。沒想到，兒子離家短短一個月，母親就接到了一通內容荒謬的電話。原因是兒子在網路上進行二手拍賣詐騙，企圖盜用母親的名義開設銀行帳戶。

這位少年之所以會在外漂泊，是因為他與繼父產生衝突，雖然繼父過去曾用心照顧他，但隨著少年進入青春期，兩個人之間開始產生不和。

沒想到少年離家短短一個月，下次和家人竟是在法庭上相見。

在釜山的少年及家事法庭裡，那位涉嫌詐欺未遂、滿臉稚氣的國中生正是那位離家出走的兒子，在他身後則是手上還抱著三歲女兒的母親。母親向法院申請了「少年保護裁決通報制*」。事實上，如果母親願意原諒兒子，兒子詐欺未遂的嫌疑可能得以被掩蓋，但是母親為了矯正兒子而申報法院，兒子暫時待在少年分類審查院**之後，便進入了法庭。

離家出走的兒子終於見到了母親和妹妹。妹妹可能因為很久沒見到哥哥，感到很高興，就衝過去抱著哥哥。看到這景象的法官，並沒有嚴懲那位少年，而是要求他在法庭上對母親喊出十次「媽媽！我愛您！」。

少年跪在冰冷的法庭地板上，流著眼淚大喊「媽！我愛您！」接著，法官要求母親也喊十次「兒子，我愛你！」母親邊哭邊喊著，懷裡的小女兒還幫媽媽拭淚。法官更允許他們一家人互相擁抱。氛圍一向嚴肅的法院，在這對母子的擁抱下，很快就成了淚海。

• • •

* 譯註：少年保護裁決通報制，是指將不良學生通報法院，不需要經過警察或檢方的調查，就讓少年接受審判的制度。

** 譯註：類似台灣的少年矯正學校。

青春期對每個人而言都是很艱難的時期，即使是成功人士也不例外。很早就在公開選拔賽嶄露頭角、被譽為音樂神童的韓國音樂家李燦赫，也曾經在一次採訪中這樣說道：

「老實說，青春期對我而言並不是美好的一段時期。那時的我內心很糾結，父親還說我在家就像個外星人，所以我的歌詞中有部分靈感源自於此，我將當時複雜的思緒寫了進去。」

要完全瞭解青春期孩子的內心並不容易。**他們比想像中更容易覺得孤單，明明跟同儕相處得很融洽，卻依然煩惱自己沒朋友。如果孩子特別沉迷於遊戲，那就極有可能是因為除了遊戲之外，他們沒有其他可以跟自己交流的對象。**

父母也是孩子唯一能安心依靠的存在。

如果父母認為孩子是個負面的存在，甚至這樣傳達給他們，他們就會因為沒有人能讓他們敞開心扉而感到彷徨不安。因此，希望父母能好好扮演父母的角色，不只是嘗試對孩子表達愛，在孩子徬徨的時候，也要毫不猶豫、義無反顧地站在孩子那一邊。

曦允老師的溫柔叮嚀

與子女之間的連結和親密感，也是從「瞭解子女的內心」開始的，不過，許多青春期孩子就連自己都搞不懂自己。

如果親子關係還有進一步的機會，不妨透過讓孩子寫日記、寫信或冥想等方式，引導孩子專注地傾聽自己內心的聲音，而非一直聽從旁人的意見，那會是有效讓孩子自主理解自己內心的好方法，也能幫助他們變得更加穩定、成熟。請爸媽多引導孩子累積自我檢視的經驗吧！

孩子的真心話

曦允老師VS.學生允貞的對談

BTS 防彈少年團
考上藝術高中
讀書 # 離家出走
媽媽的傷痛

允貞： 大家好，我是很喜歡音樂、以後也想一直做音樂的李允貞。我拿過曦允老師的泡麵兌換券，是她的愛徒（笑）。

老師： 允貞呀，妳最近最喜歡聽什麼音樂呢？

允貞： 我最近很喜歡防彈少年團。

老師： 為什麼喜歡防彈少年團呢？

允貞： 只要看到他們就很療癒。他們團隊的氣氛就像一個家庭。認真工作的樣子也很帥氣，只要看著他們就會不由自主地笑出來，聽著他們的音樂就會覺得很幸福。

老師： 原來防彈少年團療癒了允貞啊！那麼下一題，回想國中時期，允貞最擔心什麼呢？

允貞：我考上了藝術高中，但因為我只準備了一年，所以跟別人比起來還是有許多不足。雖然考上了，但是以後就要一邊上課、一邊準備大學的術科考試，我很擔心，不曉得自己能不能做好。

老師：原來不是考上之後就輕鬆了啊！允貞有什麼建議想給學弟妹的嗎？

允貞：我考試時幾乎放棄了數學科，但後來覺得滿後悔的。希望學弟妹們一定要好好念書。父母叫你好好讀書，絕對不要當成耳邊風！真的要認真念書才行！

老師：允貞當時為什麼沒有認真讀書呢？

允貞：當時……我以為我不讀書也能考好……

老師：什麼時候才意識到情況並非如此的呢？

允貞：當我交出申論題白卷的時候（笑）。

老師：允貞有一些領悟了，對吧！那麼，下一個問題，允貞覺得自己的中二病時期是什麼時候呢？

允貞：應該是我升國二的時候，就是去年吧！那時我很常跟媽媽頂嘴，甚至還離家出走。

老師：咦？妳有離家出走過嗎？因為妳都有來學校上課，所以老師完全不知情耶！那妳是什麼時候回到家的呢？

允貞：一天後。

老師：允貞你那時離家出走去了哪裡呢？

允貞：去多榮的家。

老師：（笑）妳的行蹤太明顯了！

允貞：對啊！我差一點就被媽媽抓到，不過，多榮媽媽打電話跟我媽說明天會送我回去，所以我隔天就在學校被媽媽逮個正著。但是老實說，這件事都過了一年了，我還在懷疑自己是不是中二病還沒好。不久前還跟媽媽頂嘴吵架了！

老師：那麼，趁這個機會跟媽媽說句話吧！

允貞：我每天都發脾氣，講了很難聽的話讓您心很痛，所以我想您應該心很累，但我也想跟您說，我不是真心的，希望媽媽不要受傷。但這很難吧？

老師：當然會很受傷啊！那除了媽媽之外，有什麼話是你想對這其他家長說的呢？

允貞：這個嘛……就算子女再怎麼胡言亂語、做出粗魯的行為，他們也依然擁有愛父母的心、也會感到愧疚。希望大家能理解孩子的心思，不要太過責備他們。

CHAPTER 5

和青春期孩子一起並肩成長

［機智調適篇］

LESSON 33

父母的堅定，是穩固青春期動盪的最大支柱

詩人都鍾煥（도종환）的詩寫道：

哪有不會搖擺卻能綻放的花朵呢？
哪有不曾動搖的愛情呢？

人生在世，動搖是必然的。在彷徨的青春期動搖，在積極進取過生活的20歲、30歲時期動搖，即使嚐遍人生酸甜苦辣、不知不覺成為中年的40、50歲，也不停在動搖，就連來到以為今後不會再遇到任何磨難的60歲，也依然有所動搖。說我們的一生都在動搖也不為過。甚至有書籍主張「一生至少要動搖過一千次，才能成為大人！」。

動搖，不正是人生的本質嗎？

然而，在每個人的人生中，會搖擺不定的時期似乎各不相同。有人早年辛苦、晚年享清福；有人在人生最巔峰的時期瞬間跌落谷底。

在搖擺不定的時刻，如果能夠相信自己、正面迎接挑戰，肯定能成功蛻變為帥氣的大人。然而，那些尚缺乏經驗的十幾歲年輕人，如果在此時就遭遇人生的危機，該怎麼辦呢？對於這些青春期的孩子而言，「搖擺不定」可能不僅止於迷惘，更有可能阻礙他們將來的突破和成長，這時候的孩子，很需要家長提供正確的引導。

被稱為「跳馬之神」的梁鶴善選手，小時候只能住在組合屋裡，家境非常貧困。雖然運動員應該特別重視飲食，但他在成長階段只能天天吃泡麵，因為別無選擇。梁鶴善選手之所以能克服如此艱困的環境、最後成為「跳馬之神」，正是因為他堅強的母親。

梁鶴善在國中時期同時經歷了運動瓶頸期和青春期。在日復一日辛苦的訓練之外，貧困的家境也讓他不斷煩惱著：「我真的要走這條路嗎？」內心越來越糾結的他，某天斷然決定要「離家出走」。

沒想到，他立刻被母親抓了回來，母親帶著他去找教練，並對教練說：「要殺要剮，給教練決定！」撂下狠話後就轉身離開。教練對少年梁鶴善說：

「孩子，你能報答父母的方法只有一個，就是努力練體操。」這句話激勵了梁鶴善，因而誕生了韓國歷史上的體操英雄。如果梁鶴善選手的母親當初沒有即時抓住搖搖欲墜的兒子，想必就不會有今天的榮耀。

若想幫助子女成功，首先是父母自己要堅強起來。有時要能狠下心要求、有時則要以寬容的心來關愛。**其中最重要的是，要瞭解孩子搖擺不定背後的真相，**是因為在擔心什麼嗎？是對哪個部分沒有信心嗎？若想看穿孩子的真心，平時就要多留意他們。梁鶴善選手的母親很清楚兒子真正的夢想，因此她才能透過斯巴達式的教育方式來督促兒子。她判斷兒子的狀態只是暫時處於低谷，所以才可以勸他繼續練體操。如果梁鶴善選手真正的夢想並不是體操，那麼母親強烈的指責反而會起反效果，這都有賴平時母親對兒子的觀察。

平常就要關注孩子的特質、夢想。只要願意花時間傾聽他們的夢想，不但能更瞭解他們，還會發現許多意外的驚喜，最重要的是，也可以因此和孩子有更多共通的話題。

在聆聽孩子的想法之後進一步提問：「你想做的是這個對嗎？」，幫孩子釐清想法，並跟孩子討論怎麼做才能實現夢想。除此之外，在這個階段，**對於子女的夢想是否能成真，建議家長不要先下結論。**

「以你那種成績怎麼可能當獸醫？先好好讀書吧！」

如果家長給予這類潑冷水的回應，孩子就會覺得父母不過是來扯後腿的，就此中止對話。

要能讓子女有機會多說一點，除了對話技巧，和家長關心的主題也有關。有時我會聽到孩子向我抱怨「覺得爸媽不關心自己」，而家長則會回應：「我哪有不關心他？」是什麼原因造成父母和子女的感受如此不一致呢？那就是雙方「關心的重點」不同。

子女希望自己父母多關心的部分，像是自己和朋友的相處、外貌或夢想等等，但大多數的父母都不感興趣，反而專注於會讓子女有壓力的部分，那就是課業、成績，這就是父母和子女無法溝通的原因。**如果渴望穩住搖擺不定的青春期孩子，那就要多關注孩子真心想做的事情到底是什麼。**

曦允老師的溫柔叮嚀

「我想當Youtuber！」「我要當饒舌歌手！」。孩子們的夢想很可能會隨著時代發展而改變。

雖然有這麼一個說法：「沒有父母能戰勝子女。」但有些父母還是渴望能戰勝子女，讓子女跟隨自己的期待前進，然而，在父母想要戰勝子女的瞬間，悲劇就開始了。父母成長的時代和子女成長的時代，面貌已大不相同。若只以父母的標準來評價和引導孩子，孩子可能會心懷埋怨地長大。請允許孩子對自己的夢想和選擇負責。即使父母認為他們會失敗，但那其實也不過是個磨練，並非失敗。孩子們自己會努力在其中學到新的東西、找到新的道路的，請允許他們成長吧！

LESSON 34

「考上好大學＝成功」的時代已經過去了

「10 to 10（ten to ten）冬季學校開學！」

10 to 10，從早上10點待到晚上10點。去上冬季學校的學生，並非重考生或應屆考生，只是一般國、高中生，孩子們光是趁寒假期間去旅行、充電都不夠了，竟然還得接受斯巴達式訓練，實在令人心痛。

在我國這個「讀書共和國」，假期似乎只是為了讓學生「預習」而存在的。有些家長非常恐懼孩子落後，因此在放假期間也安排了大量的預習作業，造成連這種不人道的學習模式也門庭若市。

這種學習模式真的有效果嗎？我上網搜尋了一下，剛好看見有人在某個知名考試論壇提問：「準高一生適合參加10 to 10嗎？」，大多數的回覆都持否定態度。他們說參加之後，孩子的成績並沒有想像中那麼好。

不管做什麼事情，要開心才能做得長久，也才能得到好的成果。**強迫孩子學習，孩子根本不會快樂，所以即使花了大把時間和金錢也只是徒勞，還會在孩子心中留下「讀書讓人好痛苦」的烙印。**

「你這次段考考幾分？」
「你這次考第幾名啊？」
「成績單什麼時候會出來？」

當孩子升上國中之後，父母總是會好奇有關孩子的「數字」，不斷提出「幾分」、「第幾名」等問題。可能成績優秀的孩子會愉快地回答這些問題，但大多數孩子都不喜歡被問到這些，他們害怕看見父母失望的神情，也會想逃避這種讓父母失望的罪惡感和痛苦。

雖然我很瞭解孩子的這種心情，但我身為班導，成績單出來時，我仍然會發簡訊給全班的學生家長，因為我覺得父母親擁有瞭解孩子成績的權利。

孩子考得好就該稱讚他們，然而，很多學生家長卻只聚焦於子女的成績，家長對成績的執著也引發了補習熱潮。為了能負擔子女的補習費，不少四十歲以上的女性再次投入職場。

當子女的補習費已經佔據整個家庭生活開銷的60％，國家的「老年貧困」問題也漸漸浮上台面，我們必須仔細思考，自己是否讓孩子「過度補習」了？今後的時代是活到百歲也不稀奇的時代，60歲退休後還有30～40年的光陰，為此我們需要充足的生活資金。然而，如果我們在30～50歲這段勞動期間，沒有多餘的金錢可以存入未來的養老資金裡，所有收入都投入到子女的補習費時，我們自身的未來將岌岌可危。

「經濟堪憂的家庭，會因為一個孩子考上頂尖大學而獲得拯救」這樣的狀況已經是上一輩的事。但現在跟以前不一樣了。

現在即使考上好的大學，未來的就業路也不一定與所學直接相關。即使職涯順遂，也未必能支撐起一個家庭的開銷。**父母與其把錢盡數投入孩子的補習費，以致自己只能貧困度過晚年，不如先為了自己的退休生活進行充裕的投資，有餘裕再照顧已成年的子女，我認為這樣做反而對他們更好。**

我認識一位國文老師，她從來沒有讓孩子上補習班。她只是對子女強調「閱讀的重要」。她的閱讀教育別稱很有趣，叫做「別吵，讀書！」。她不僅讓三個孩子養成讀書習慣，也都考上了首爾的大學，自己則用省下來的補習費買了三間公寓。想想看，當子女都成為上班族、得到一間公寓時，他們會多麼感激父母啊！這時代的父母不該執著於子女的成績，做好養老準備才是趨勢。

以我的觀察，家長們會執著於子女成績的原因主要有兩個。

第一是認為子女的成功等同於自己的成功。這可以說是一種「補償心理」。自己的生活雖然艱難、痛苦，但只要子女獲得成功，就足夠安慰了。「雖然我沒有考上好大學，但你一定要考上好大學，過不愁吃穿的生活！」家長將自己的欲望投射在子女身上。這一類的家長都相信，只要子女獲得好成績、考上好大學，自己的生活也會就此不同。

第二是，以自己成長的時空背景來設想子女。我們這一輩是在「要獲得好成績，才能進入好的學校、找到好的工作」的價值觀下長大的。由於社會普遍重視學歷，甚至會成為評價一個人的標準，因此，家長自然會認為「一定要讓自己的孩子考上好大學」。即使現在的就業率很低，但有些父母依然會想：「只要考上名校，至少可以去個不錯的企業上班吧！」然而，今非昔比，孩子生活的時代並非父母過往所生活的時代，現在很多人考上一流大學卻依然找不到工作，或者領著固定的薪水、無精打采地度過每一天。進入第四次工業革命*時代後，**我們的孩子需要的不是成績或學歷，而是專業知識和經驗**。過去成績不理想，但透過持續磨練自己的能力而獲得成功的人們，比擁有優秀學歷的人更加受到關注。

然而，對於現代父母而言，子女的成績仍然是重要的課題。

以我與國、高中生相處超過十年的經驗來看，父母越是執著於成績，孩子的成績就越容易下滑。因為這樣的孩子課業壓力會比其他同儕更大，甚至還會產生副作用，導致他們的學習動機下降，陷入「學習動機下降↓成績下降↓自尊心下降」的惡性循環。相反地，**如果是「學習動機增加↓成績提高↓自信心上升」的良性循環，他們的成績就會大幅提高**。

那麼，該如何提高孩子們的學習動機呢？**父母展現對「學習」的關注、而非對「成績」的關注時，他們的學習動機就會大幅提高**。當父母詢問孩子所學習的內容、與孩子對話時，要讓他們感受到學習的樂趣，這樣孩子的學習動機就會增加，成績也自然會變好。

---

*第四次工業革命，指的是從18世紀工業革命後進入的第四個階段，它被描述為各種科技的融合，……是以石墨烯、基因工程、虛擬現實、量子資訊技術、可控核融合、清潔能源以及生物技術為技術突破口的工業革命。（資料來源：維基百科）

21世紀是人工智慧的時代。比起很擅長念書考試的人才，創意型人才更受到矚目。因此，不要執著於成績，而是**尋找、關注孩子所擅長的領域吧！**如今，孩子是否能活出幸福的人生，已不是依靠成績排名決定的。

曦允老師的溫柔叮嚀

因為書讀得好而獲得成功的案例，只佔人群中的一小部分，「名校畢業＝幸福保障」的公式早就被打破了。但依然有許多父母非常執著於子女的成績，結果，父母因為子女沒有達到他們預期的目標而受挫，子女則因為無法滿足父母的期望而受挫，我看過很多人因此和孩子撕破臉。

有句話說：「如果父母像對待『客人』一樣地對待子女，就可以減少與子女間的衝突。」，這並不是要求家長不去管教子女，而是建議家長調整為「不執著結果」的態度。比起結果，家長更需要關注子女的學習歷程，並提供各種機會來幫助子女找到喜歡的領域。除此之外，有時比起取得好成績，建立堅實的人際關係，也可能成為子女人生中的關鍵鑰匙。所以，請放下對子女成績的過度執著吧！

LESSON 35

陪伴孩子遠離無力感、不適應的中輟危機

某一天，傳來了一個令人傷心的消息。有個之前轉走的學生，最近似乎會在我們學校附近徘徊。當時他一聲不響地轉學，結果在其他學校也無法適應，於是中斷了學業。得知這個消息時，我非常難過。我腦中不斷想著，去年他還在我們學校時，我是不是疏忽了什麼？越想，就越後悔。

身為學校老師，我明白要勸說打算中輟的孩子是非常困難的事。但身為班導，至少會希望能協助孩子讀到義務教育結束，也就是至少國中畢業。然而，若沒有學生家長共同協助，孩子是不可能繼續上學的。

當然，中斷學業並不等於人生失敗，只是，我們的社會依然是看重學歷的社會，拿到「畢業證書」這件事擁有很重要的意義，所以我依然期盼孩子們能夠克服困難，減少往後可能遇到的阻礙。

我曾在某場讀書會遇見一位母親，他提到自己的孩子從高中休學了。孩子

好好地撐過了國中，但進入高中後因為難以適應而放棄學業。我向這位母親詢問了孩子的人際關係，幸好，母親表示孩子在社交上沒有出現問題。於是我對母親說：「這樣就夠了！即使孩子休學了，只要能找到自己想做的事，就能確定前進的方向。」

中斷學業的學生大多是因為不適應學校生活的關係。依照二〇一七年的調查統計顯示，我國每年有超過6萬多人因為對學業失去興趣或動力、對學校生活不滿意等原因而選擇中斷學業。雖然休學後也可以復學，但這其實是個名存實亡的制度。實際情況是，孩子一旦離開學校，就幾乎不會再回去了。

●●●

學校教育有正向作用，也有反向作用。正向作用是讓每個人都能平等地接受良好的教育，反向作用則是壓制和約束個人的自由。就以最近讓我傷腦筋的「穿校服」制度來舉例吧！

隨著天氣變冷，我們學校越來越多孩子開始不穿校服、改穿自己的帽T或連帽外套。這讓在學校擔任生活教育老師的我相當為難。學校的校服外套雖然端莊又漂亮，但是會妨礙孩子們的活動性。而且到了國中三年級左右，孩子們會急遽成長，校服再也穿不下了，孩子們就會改穿自己的帽T；冬天來臨時，只穿校服外套不夠保暖，學生也會在外面加穿其他外套。但是，即使校方理解這一點，也很難公然允許學生穿自己的衣服，因為一旦允許，很快地全校的學生都會穿起自己的衣服、不再穿校服。而這些情況讓全校的老師都很為難。

因此，有的學校乾脆將校服訂為連帽外套，也越來越多學校選擇活動性更好的校服，而不是看上去端莊的校服。

光是學校制服的問題，對孩子們來說也可能形成一種壓迫。透過學校這個系統的規範來管制學生，學生的特質可能無法獲得尊重。加上形之有年的成績排序，學校也可能被貼上負面教育機構的標籤，就如同學校也在學生的身上貼了標籤一樣。但儘管如此，孩子們仍然需要上學。我詢問過我們班學生上學的理由，得到了各式各樣的回答。有的孩子開玩笑地說「為了見到老師！」有的孩子則說「因為父母要我上學」、「因為社團活動」等，但也有孩子回答「為了有更好的未來！」。

事實上，即使孩子們看似都乖乖地去上學，但他們肯定都有過「真不想去學校」的想法。那麼，那些依然沒有中斷學業、選擇繼續上學的孩子們是怎麼想的呢？我想要找出那些原因，好好地說服那些想中斷學業的孩子。

我發現，能夠默默承受辛苦學校生活的孩子，其中一類是「至少有某個部

分比其他同學傑出」。

即使國英數等科目的成績不好，只要在學校生活中能夠展現其中一個領域的才能的小傢伙們還是會好好上學。例如擁有運動或繪畫天賦的學生，在體育或美術課時就會特別活躍。然而，大部分想要中斷學業的孩子，是因為找不到可以展現能力的科目。如果在每一堂課都是陪襯的角色，那麼肯定會覺得學校生活枯燥乏味、毫無意義。

如果學生長期缺乏自信，就有可能出現憂鬱症初期*的症狀——認為自己沒有才能、誤判自己，認為自己什麼都做不了，甚至陷入「什麼事情都不想做」、持續無精打采的狀況，而且不僅在學校如此，甚至連在家裡、在其他場所也是如此。**如果子女的拖延症過於嚴重，持續表現出什麼事情都無所謂的態度，就要合理懷疑孩子是否處於憂鬱症初期。**

另一類能夠默默承受辛苦學校生活的孩子們有個特徵，那就是具有「親和」的性格。在讀書或才藝方面都不突出但人際關係很好，就能夠度過學校生活。不少孩子都會因為好朋友去某一間補習班，於是就跟著去補習了。對青春期的孩子們而言，朋友就是全世界。無論個性再怎麼膽小的孩子，只要有自己信任和依靠的朋友在，原本很害怕的事，只要和朋友手牽手就能面對。**在青春**

期這個階段，朋友甚至會是孩子願意上學的主因。相反地，如果與朋友的關係惡化，孩子在學校就會失去笑容。青少年時期如果沒有值得信任和依靠的朋友，就會對人際關係產生恐懼感，甚至有可能發展為社交恐懼症。

社交恐懼症也是缺乏自信的人會出現的病症之一，在事業高峰卻遭逢意外倒閉的企業主、曾經很火紅卻因為一次負面消息而退居幕後的藝人，這些人可能最先罹患的病症就是社交恐懼症。

當孩子在學校找不到自己可以著力的領域，或者在人際關係出現問題時，就容易喪失自信進而導致人際關係的斷絕，這是互相關連的，甚至可能會出現「沒有人說話，也會覺得別人在對自己指指點點」的妄想。

我想告訴在學校總是獨來獨往的孩子們，「建立關係」是很重要的能力。除了要對自我擁有正確的理解，也要對他人懷有關懷和尊重，也就是必須「愛自己、也愛他人」，基於這個基礎，「關係」才得以誕生。但是，我們經常把

＊譯註：韓文原文為무기력증，英文則是Lethargy，直譯為「無力症」，指無力、疲憊和失去欲望的狀態，但中文沒有對應的詞彙，維基百科韓文版則有提及무기력증也可視為憂鬱症初期的症狀。

關係形成的責任歸咎於單一原因。

每當看到那些做出朋友們討厭的言行舉止，或者不曉得該如何與他人做朋友的孩子時，我都會感到很惋惜，其實他們只是還不懂得「愛自己、愛他人」的方法。

為了教導孩子「愛自己」的方法，首先得提高他們的自尊心。所謂的自尊心，就是擁有「自己是有個價值的人」的自我認知。不只是青春期階段而已，其實生活中遇到的各種情緒問題，大多都與自尊有關。

高自尊的孩子不會去攻擊別的孩子。即使被別人傷害，也能很快復原。**換句話說，就是自我復原力很高；反之，低自尊的孩子，自我復原力也較低。**

為了讓孩子能適應學校生活、社會生活，教導孩子學會愛自己、愛他人是一件很重要的事。**希望家長們能夠多發掘並稱讚孩子的優點，提醒他們用正向的眼光來看待他人。**當孩子學會愛自己、愛他人，也較能夠跟他人建立穩固的關係。

曦允老師的溫柔叮嚀

當子女提出輟學的想法時，大部分的父母都會衍生出自責感，然而更要緊的是，先冷靜瞭解孩子做出這個決定的主因是什麼。是父母給孩子太大的課業壓力呢？還是孩子無法適應學校體系？要找出準確的原因才行。

比起尊重個人特質，學校教育更強調共同性。所以，正值青春期的孩子可能會覺得學校是控制或壓迫自己的存在。然而，學校就是社會的縮影。孩子可以透過學校事先體驗團體生活，還可以遇見各式各樣的人，學習與他人建立關係。輟學的孩子會失去與同儕一起升學的經驗、學校的資源，孩子日後長大成人，也可能會後悔當初放棄學業的選擇。因此，請家長們儘可能讓孩子讀完義務教育的階段吧！如果他們真的不想去學校，讓孩子接受輟學生的中介教育等替代性教育也會有所幫助。

LESSON 36

打造一個比遊戲世界更有趣的真實世界

我大學談戀愛時，對於我的男朋友和他朋友聚會的方式感到非常訝異。女生們聚在一起就是聊個不停，但很久不見的一群男生相聚時，竟然是直接約在網咖見。他們坐成一排、一邊玩遊戲一邊敘舊，我想著：都長大了，為什麼還要一起打電動？因為太好奇背後的原因，所以我還特地去找書來看，認真調查之後，我發現竟然有其歷史淵源可循。

從原始部落時代起，男人和女人的角色就被區分開來了。女人會以居住地為中心，負責收割糧食、養育孩子，而男人主要負責打獵，獵捕動物以確保充足的蛋白質來源。在這個過程中，男人們的本能成了戰鬥。在激烈的競爭中爭取到某些事情時，會體驗到快感。在文明發達的現代社會中，沒有了獵捕的需求，但男性可以透過「體育」和「電玩」來體驗到勝利的快感，其中電玩又比體育更容易進行，因此男性很難抗拒電玩的誘惑。

如果在體育或電玩遊戲中獲得勝利，大腦裡的神經傳導物質「多巴胺」就會增加，進而產生快感。雖然多巴胺是帶來愉悅、快樂的荷爾蒙，但如果持續追求多巴胺，不知不覺就會上癮，形成很大的問題。如同吸毒成癮一般，遊戲成癮的大腦也會逐漸變成「追求遊戲腦」。

●●●

最近遊戲成癮的現象似乎不只出現在男孩身上，女孩也不例外。遊戲如此流行的原因，主要有三個。

首先是現在的遊戲設計改變了，能夠吸引到更廣的年齡層，過去只有國、高中生喜歡玩遊戲，現在則是無論男女老少都喜歡。再來則是受到智慧型手機普及化的影響，最近幾年透過行動裝置，隨時隨地都可以用手機連線玩遊戲。除此之外，男孩和女孩的交流比起過去更加頻繁，現在女孩們自然而然地會與男孩們玩在一塊，也就開始共享男孩的文化，男女一起去網咖打遊戲也變成稀鬆平常的事情。

從時代趨勢來看，遊戲的盛行似乎是理所當然的。原本對遊戲不感興趣的人們，也可能因為偶然點選了朋友發出的遊戲邀請訊息，瞬間開啟遊戲世界的大門。總而言之，我們實在太容易接觸到遊戲，要玩遊戲也比過去方便許多。

雖然「玩遊戲」本身沒有問題，但如果遊戲成癮，就有可能會引發問題。尤其對於生理和心理都尚未發展成熟的青少年而言更是如此。**如果父母覺得子女遊戲玩得太兇，首先該做的不是把電腦砸爛或把手機沒收，而是要觀察、判斷孩子是否確實「遊戲成癮」**，這才是更重要的。

「遊戲成癮」最明確的特徵是「因為玩遊戲而影響到日常生活」。

部分家長即使子女的功課很不錯，只是偶爾會透過玩遊戲消磨時間，就說自己的孩子「遊戲成癮」了。實際上他們只是暫時透過遊戲來緩解壓力。所以，從客觀角度來觀察孩子的遊戲時間是否確實過長，非常重要。

假如孩子因為遊戲而產生健康問題，例如因為玩遊戲導致睡眠不足、營養失調、脫水等，那就是相當嚴重的遊戲成癮。當遊戲已經成為與孩子生活密不可分的一部分，要讓孩子戒除這個癮頭，就會變得非常困難。甚至有人誇張地形容，遊戲成癮是「一發不可收拾的問題」。

不過，我的想法不同。

雖然遊戲成癮與毒品成癮的大腦路徑差不多，但我認為比起毒品成癮，遊戲成癮較偏向是心理上的問題。所以若先仔細瞭解他們的內心想法，在過程中慢慢幫他們理出正確的方向，就能夠減少因遊戲和孩子起衝突的情況。

如果孩子真的很喜歡且擅長玩遊戲，那麼針對這部分與孩子進行真誠的對話也是一個方法。**透過討論與遊戲相關的前途，打通與孩子對話的渠道，可以為孩子注入職涯相關思維。**

孩子只是單純把玩遊戲當作興趣、還是會想要更進一步選擇與遊戲相關的職業？例如角色設計師、遊戲劇本製作者、遊戲設計者、程式設計師、系統開發者、職業遊戲玩家等，與遊戲相關的職業面向比想像中多得多。過程中，請讓孩子能夠自主地判斷自己是否真的想成為職業玩家，如果孩子只是很喜歡遊戲，但知道自己並不擅長玩遊戲，那麼也很適合與他們討論遊戲相關職業，開啟他們的好奇心。如果孩子夢想成為角色設計師，可以引導他們學習美術；如果孩子想嘗試創作遊戲劇本，也可以提供他們更多接觸文學的機會等，讓孩子對於「玩遊戲」一事建立更寬廣的視野。

除了「因為遊戲而影響到日常生活」之外，「遊戲成癮」的特徵還包含「整天只想沉浸於遊戲中」、「把遊戲放在所有事情的最優先順位」。

遊戲成癮的孩子，對現實的判斷力會下降，分不清虛擬和現實的世界，除此之外，也會對現實世界的事物喪失興趣，連帶在家庭關係、人際關係和課業等領域出現問題。父母必須積極引導遊戲成癮的孩子脫離虛擬世界，**請仔細觀**

察在現實中，是否有發生令孩子想逃避的問題，包括：家庭問題、交友問題、不適應學校生活、課業壓力大等，以上都可能是孩子躲進遊戲世界的原因。

最後，**「遊戲成癮」還有一種可能原因是：孩子除了打電動之外，沒有其他事情可做**。因此，讓遊戲成癮的孩子有機會接觸電動以外的領域，例如做料理、閱讀、運動、手工藝、音樂、美術等，以健康的方式打發時間、而不是一直玩遊戲。如果透過這些活動，讓孩子自然而然感受到與家人或朋友同在的快樂，那麼孩子也會自然意識到：自己並非活在遊戲裡，而是活在現實世界中。

曦允老師的溫柔叮嚀

如果您的孩子遊戲成癮了，首先要檢視家庭內部是否有把孩子推向遊戲世界的力量。比如：權威式的家庭文化、缺乏對話機會、對手足差別待遇、虐待、經濟因素等，都可能使孩子遊戲成癮。另外，孩子在學校被孤立、不適應、學業壓力大等校園面向的問題，也可能成為孩子遊戲成癮的主要原因。

請幫助孩子，讓孩子除了遊戲之外，也能在其他地方感受到樂趣和存在感吧！當孩子有一個能感受到安全感的環境時，孩子們就會變得自律，能夠管理自己玩遊戲的頻率。

LESSON 37

勇於追尋自己的夢想，和孩子一起成長

我們好不容易才擺脫育兒的泥沼，結果又因為孩子進入青春期而苦惱不已。在與青春期孩子較量而逐漸筋疲力盡的時刻，難免會出現「好想眼不見為淨」的想法。

然而，青春期是孩子長大成人前必須經歷的時期，不如乾脆地接受這個事實，透過這個時期和子女一起成長吧！這麼想會輕鬆許多。

如果在青春期階段只有孩子成長了，父母和子女的關係就容易失衡、產生衝突，尤其是在子女養育上擁有巨大影響力的「母親」角色尤其重要。

媽媽若想和青春期的孩子一同成長，首先就是自己要「勇於追夢」。可能聽來很令人訝異，然而，**只要媽媽也擁有自己的夢想，子女和媽媽就能夠走向各自獨立的人生。可以將青春期階段，視為母親和孩子的關係重新確立的時期。**如果沒有經歷這個過程，父母很容易會將他們的成功視同自己的成功，這

反而會給子女很大的負擔。

就算現在才開始也不遲，如果想減輕子女的負擔，家長就要為了實現自己的夢想而努力。當子女成功時，父母跟他們一起開心；當他們失敗時，父母可以拍拍肩膀、給予安慰。如此，父母就能對孩子的成功、失敗，秉持著較為超然的態度。

令人意外的是，即使子女很成功，依然有許多父母罹患憂鬱症。父母犧牲了一輩子的時間來讓子女獲得成功，但回頭一望、卻不曉得自己的人生何去何從、陷入深深的空虛中。

其實，孩子進入青春期時，大部分家長的年紀都還落在四十歲左右，正是能勇於追夢的年紀。**不以「不知不覺就四十歲了，卻一事無成」來定義自己，而是「即使四十多歲，也可以學習新的事物」，換個態度面對未來吧！**

我喜愛的小說家朴婉緒老師是四十歲踏入文壇的，直到她去世之前，留下了無數的小說作品；有些人則是從四十歲才開始培養運動習慣，最終成為知名的健身教練，持續向全世界傳播運動的福音。四十幾歲的人能做的事情還有非常多。

子女遲早會離開父母的懷抱，逐漸蛻變為大人，不再事事依靠父母。這個

時期，不僅是青春期的孩子在成長的時期，也正是母親角色蛻變的開始。當媽媽除了「媽媽」這個角色之外，更能夠把自己視為「一個獨立的人」、如此思考未來與追尋夢想時，就能和孩子共同成長。當媽媽允許孩子朝自己的夢想前進、自己也往自己的夢想前進，彼此都會幸福。

我的媽媽就是勇於追夢的母親典範之一。她五十多歲的時候忽然下定決心要做點什麼。過去她一直在照顧有殘疾的我弟弟，人也漸漸變得憂鬱，後來，她決定要為自己的人生尋找突破口。如果是一般人，來到五十歲大概就不會想再學些什麼了，但是媽媽對人生還是懷抱著高度的熱情，我也力挺媽媽的決定。經過一年的學習後，媽媽開了間皮膚美容店，如今仍持續經營著。雖然她上了年紀，體力偶爾會不堪負荷，但依然有許多人羨慕著擁有專業技術的她。

當母親有了想追逐的夢想，但擔心會影響到家務時，請大方地和子女、丈夫共同討論，應當全家共同分擔家事。雖然家長可能會覺得，孩子連讀書的時間都不夠了，哪有時間做家事？其實，「做家事」是能提高子女生存力的真教育。甚至可以說，**對青春期的子女務必做的第一個教育就是「做家事」**。

在家裡做最多家事的人一定很清楚，「家事」是有人做時大家沒感覺，但一沒人做就超級明顯！像大掃除這類必須全家總動員的等級，可以每週安排孩子做一次就好，不過，像是洗自己的制服和運動鞋、洗碗等簡單的勞動，要讓孩子自己做、常常做。此外，也建議讓孩子每週一次自行處理自己的三餐。

也許家長會覺得，那些時間讓孩子拿來讀書不是更好嗎？**但光是讓孩子常常做簡單的家事，孩子就能實際感受到做家事的困難，也會因此出現新的想法和認知，除了能體會到父母的辛苦、產生感激的心情之外，甚至會對「一成不變的生活」有不一樣的見解，開始思考媽媽的人生、自己的人生以及未來。「做家事」其實是可以讓孩子有所成長的「大事」。**

如果父母為子女犧牲一切，不但父母自身無法成長，也很難真正快樂地與子女共享幸福。在子女青春期的這段時間，不要只想著支持孩子追夢，家長自己也要尋找自己的夢想。

希望青春期能成為您與子女一起成長、如同寶物般珍貴的時期。

曦允老師的溫柔叮嚀

大人勇於挑戰的模樣，會深刻烙印在孩子的心中。因此，對人生充滿戰鬥精神的父母底下，肯定會出現不畏懼挑戰的孩子。

我也努力向學生展現出勇於挑戰的模樣。之所以寫下這本書，其中一個原因正是想讓孩子們知道，老師正在追夢、正在朝著自己的夢想奔跑著，也想讓孩子們知道，我們一輩子都要擁有夢想，即使長大後也不能懶得成長。

好的父母和老師會成為青春期孩子們偉大的榜樣。身為大人的我們，可以透過閱讀、考證照、經營興趣、培養運動習慣等多樣化的活動，來開展生活的新樣貌。能夠不斷自我啟發的父母，會變得更幸福，也更能引導孩子走向成長和挑戰之路。

LESSON 38

別小看自己的言行對青春期子女的影響力

坐在導師辦公室時，有時我會覺得自己好像能「通靈」。因為每當看到打開門進來的家長，就能立刻認出是哪位學生的父母。這不僅僅是因為長相，而是整個人的氛圍、說話的語氣、表情……，從家長身上感受到的一切都會和其子女很類似。

小時候每當我和弟弟犯錯時，媽媽就會說：「果然孩子不能偷生！」罵我們的壞習慣跟爸爸很像。不只是遺傳基因，連生活環境都一樣，因此子女像父母是理所當然的。更令人驚訝的是，**隨著年齡增長，孩子會愈來愈像自己的父母**。從外貌到人格、思想和價值觀等，就像傳家寶般地留給了孩子，相似的程度令人嘖嘖稱奇。每個擁有青春期子女的父母，都希望自己的孩子既善良又聰明。然而，除了優點會遺傳，缺點也會遺傳。

江南區某間國中，有個孩子因為在上課時間滑手機，於是手機就被班導沒收了，結果家長得知後打了電話跟學校說：「如果老師上課上得好，難道我的孩子還會想在上課時間滑手機嗎？趕快把手機還給他！」

我聽聞這個事件後，腦中便浮現出那位孩子十年後的模樣，加上最近有不少富二代、富三代作威作福而鬧出的新聞事件，我想著，不就是因為如此嗎？並不是要事事以老師為大，但孩子至少要懂得基本的禮貌。然而，許多家長將老師視為打擊子女信心的角色，甚至輕視老師，這肯定會影響孩子對老師的態度。

有個對老師態度非常放肆的孩子，他的父親是一位地位相當高的軍人。知道孩子的問題行為後，他的父親刻意邀請老師到家裡作客，沒想到老師一抵達家門口，父親就光著腳趕緊前去迎接。兒子看到父親的模樣，從此之後就懂得尊敬老師，上課也不敢正大光明地拿出手機了。

「孩子未來會成為怎麼樣的大人，完全取決於父母親」即使這樣說也不為過。我看著自己的「讀書狂」朋友，就能知道父母對孩子的影響有多大。

學生時期與我最要好的朋友是一個超級愛看書的人。他不只喜歡閱讀、文筆也很好，現在也真的成為一位作家了。我記得拜訪他家時，發現他連在廁所也擺了書。

「這本書是你在看的嗎？」

「不是，是我媽媽在看的！」

我那位「讀書狂」朋友的媽媽也常常看書，我對此感到很驚訝。因為我有個有殘疾的弟弟，所以我媽媽總是忙於照顧弟弟、有十個身體都不夠用，所以她當然沒有時間看書，但是那位朋友的媽媽總是離不開書，我知道這件事之後，既驚訝又羨慕。也許正因如此，即使我再努力培養閱讀習慣，還是無法像那位朋友一樣熱愛閱讀。

不過，我也擁有那位朋友沒有的優點，那就是「很會做菜」。

雖然我媽媽幾乎沒有時間看書，不過她非常會做菜，總是能瞬間做出非常美味的飯菜。而我從國高中到大學時期，都很喜歡模仿媽媽做的料理，現在也常聽到別人稱讚我的廚藝很不錯。終究，喜歡閱讀的父母會養出有閱讀習慣的孩子，擅長料理的父母很可能養出對料理感興趣的孩子。因為對於子女而言，父母是最親近的前輩，也是「榜樣」。

這種「鏡子學習理論」，在正面的部分會發揮影響力，但在負面的部分也具有不小的殺傷力。我們不乏聽聞被父母施暴過的孩子，後來也對人使用暴力的例子。除了暴力以外，「菸癮」也是一項令人感到遺憾的「遺傳」。

隨著孩子進入青春期，最難處理的問題之一就是「抽菸」，孩子如果將抽菸習慣從國中帶上高中，要戒菸就更加困難了。尤其如果父母雙雙都有吸菸習慣，子女也吸菸的可能性就非常高。**相較於沒有抽菸習慣的家庭的孩子，父母會抽菸的孩子因為習慣了菸的氣味，當他們實際嘗試抽菸時，幾乎不會有罪惡感和排斥感。**

曾經有個孩子在抽菸時被班導發現，班導聯絡家長後，家長也立刻趕來學校，在先導委員會召開前，那位孩子的家長大概是因為有點焦慮，索性就點了菸來抽。後來家長進門後，現場更是瀰漫著菸味。每當學生家長一開口，嘴巴就會散發出濃厚的尼古丁氣味，在場的人們都心裡有數：「這孩子絕對戒不了菸了」。

孩子不會天生就是壞孩子。愛罵髒話的孩子，很有可能是在充滿髒話的環境下被養大的；充滿負能量的父母很可能養育出習慣負面思考的孩子。當我和總是責備孩子的家長商談時，也會感受到學生家長說話的口氣刻薄、沒有同理心。

正在為如何把孩子教好而苦惱的家長們，不需要再煩惱了，只要家長懂得正面思考、常常說出肯定的言語，孩子自然而然也會變得跟父母一樣。**自己的子女長大後，會成為另一個自己。因為父母本身，就是教養。**

曦允老師的溫柔叮嚀

您知道嗎？不只是罵髒話、抽菸而已，父母不自覺蹦出的每句話都會對孩子產生影響。舉例來說，如果父母會無意間在孩子面前說：「真不曉得活著要做什麼……」子女可能也會認為父母的存在毫無價值。所以，建議父母在子女面前，即使只說一句話，也要謹慎看待。對於尚未擁有完整自我的青少年而言，大人隨意說的一句話，很可能就會成為孩子判斷的標準。

LESSON 39

請耐心等待，相信「後退兩步，是為了前進三步」

青春期子女和藝人父母一起登場的《無子無憂（유자식 상팔자）》節目中，主持人向孩子們提出了令人印象深刻的問題：「你覺得『嘮叨』和『建議』有什麼區別？」

孩子回答說：「區別在於有沒有給我表達和思考的時間。」孩子會覺得「建議」才是對自己有幫助的，為什麼呢？因為反覆的嘮叨只會讓人厭倦，也不會引發思考的動力，而「建議」則包含給予孩子思考時間的態度。

有句話說：「人如果突然開始做之前不會做的事，就代表他死期將至。」充分說明了人的本性難移。父母們都希望孩子能變得愈來愈好。但是不管是孩子還是大人都很難輕易改變。值得慶幸的是，雖然在成年之後要改變不容易，**但孩子們不同，只要有了足夠的契機，就可以輕易產生變化。而這種變化，必須伴隨著「時間」這個要件。**

只要相信並等待孩子，孩子就能產生變化和成長。也就是說，**父母的信任**

就是愛。曾經等待過的人都曉得等待是多麼困難。人其實不擅長等待，往往下定決心要等待，但在過程中很容易就會生氣、不想等了。然而，失去耐性的父母會造成孩子的壓力，**當父母能給予孩子矯正的時間，讓他們對自己的問題行為有所反思，就會出現改變的契機。**

• • •

最近有很多父母因為智慧型手機和孩子們起衝突，然而這個問題並非一朝一夕能解決。手機成癮*也是一種行為成癮，家長需要思考讓孩子逐漸遠離手機的方法，也需要明確知道孩子手機成癮的原因是因為遊戲，還是社群媒體。

如果孩子是因為喜歡和朋友聊天而整天手機滑不停，那麼孩子並不是對於手機本身上癮，而是沉浸在利用這個機器來維繫人際關係。尤其最近青少年會花費很多心思經營自己的IG（Instagram），社群媒體已經成為孩子表現自我的一種途徑，如果不曉得這背後的原因，以為「只要搶走智慧型手機，孩子就會專心讀書！」於是就粗魯地沒收孩子的手機、禁止孩子與朋友見面，甚至將孩子禁足，這很可能導致最糟糕的情況發生——孩子開始對父母漠不關心、產生為反抗而反抗的心態。

然而，就連主張「等待就是愛」的我，也曾經失去耐性。

我們班有個孩子叫智燮，智燮雖然脾氣好，但同時也很調皮，有時候他會和同學玩得太過火。每次我都會教訓他，告誡他有些事情不能開玩笑。但很無奈的是，智燮還是沒怎麼改善，這讓我感到很挫折。

就在一年後的某一天，智燮忽然對我說：「老師，我決定要開始認真過每一天！」從那之後，他真的遵守承諾，不但認真上課、也對該嚴謹的事表現出嚴謹的態度。

這孩子花了一年時間，變得成熟了。而我也因此明白，原來有些事情自然就會成就，當初的我大概過度焦慮了，也為此反省了自己。

有時候，沒有必要急著解決孩子的問題行為。只要靜靜等待時機成熟，問題就會迎刃而解。**尤其在尋找孩子的興趣和（職涯）性向時，等待是必需的。**

就我自己為例，我曾在私人企業擔任過兼職、正職員工，也曾擔任補習班講師

＊手機成癮症屬於行為成癮，是指長時間（每天超過兩小時以上）依賴於玩手機，表現為坐車玩手機、開會玩手機、吃飯玩手機、睡覺也玩手機，生活中時時處處都在玩手機。戒斷時常出現煩躁、困惑、焦躁、易怒、不安、緊張、驚慌、猜忌、生氣、孤獨、依賴、消沉、神經質、偏執等情緒。（資料來源：仁愛醫療財團法人&長庚醫療財團法人〈不知不覺上癮了！手機成癮症〉）

和線上課程講師，現在則是一位學校教師。同時，我也正朝著另一個「作家兼講師」的夢想前進著。

未來在孩子的職涯路上，將會出現更多樣化的選擇，他們生活的時代比我們更多變。但是，大部分的父母只希望孩子能儘快找到適合自己的路，並立刻大步邁向那條路，這其實是父母自己的期望。

並不是要求孩子趕緊找到方向，孩子就能立刻找到方向。**若想協助孩子找到真正屬於他的那條路，必須給予他們一些空白時間。**

學者朴慧蘭在她的著作《如果再次養育孩子》中提到，要讓孩子找到適合自己的路，最好的方法就是讓孩子獨處。不必安排滿滿的行程，而是要給孩子空閒的時間，讓他們玩玩具或做其他事情，擁有這些空閒時間的孩子們，會成長為創意型人才。我也同意這個觀點。**若想讓孩子們長出創意力，就要給他們機會嘗試。**光是在腦子裡構想並沒有任何意義。

有個非常具有啟發性的遊戲叫做「棉花糖挑戰」，這個挑戰需要使用到二十條義大利麵、膠帶、繩子和一個棉花糖。參加挑戰的團隊要集思廣益，構思如何能讓棉花糖堆到最高。從幼兒到碩博士、各種職業的人都參與過該實驗，結果創造出最高記錄的隊伍是幼兒園的孩子們。聰明伶俐的知識分子大多花費過多時間構思，而幼兒園的小朋友們沒有任何計劃，只是想著：「先堆就對了！」雖然他們失敗了好幾次，卻也是最快獲得成功的一組，他們能夠很快地從失敗的經驗中成長。

真正的創意力，是在允許自由與失敗之中，透過反覆實作而誕生的Know-How。

若想發掘孩子的（職涯）性向，父母並不需要做什麼特別的努力。不如等待孩子，給他們機會，讓他們在空白中發掘自己就好。為了做到這一點，父母最需要的是耐心。耐心等待孩子吧！「等待」會讓孩子有如神助。

我個人認為，擅於等待的父母比富有的父母更偉大。大部分的父母都不擅長、甚至不願意等待子女。直到孩子都長大成人了也一樣。總問孩子為什麼不換個更好的工作？為什麼不早點結婚？總是拿別的孩子來跟自己的孩子比較、壓迫孩子。

一次也好，請試著安慰停滯中的孩子，告訴他們這不是「失敗」，而是正在經歷「磨練」吧！

如果您的青春期子女正陷入低谷、正處於軟弱無力的狀態的話，請不要催促孩子，反而要激勵他們接受現在的情況、重新站起來。如果父母相信「後退兩步，是為了能前進三步」，並且相信、等待子女找到自己的路，孩子肯定會帶著答案回來並擁抱父母的。

因為，父母能給子女最大的愛，是等待。

曦允老師的溫柔叮嚀

我在Instagram上看到了這個感人的故事。有個大概四歲左右的小孩堅持要自己走上公車。媽媽在旁邊等孩子自己上車，接著向一旁等待的乘客和司機連聲道歉。等孩子踏上公車，媽媽問了孩子當下的心情，孩子問媽媽，為什麼要向別人道歉？並且說自己本來心情很好，但是看到媽媽道歉後，覺得自己好像做錯事了。媽媽回應孩子：「因為給別人添麻煩了，所以要道歉啊。」接著她詢問孩子知道怎麼下車嗎？孩子回答：「知道！下車時要給媽媽抱！」旁人紛紛讚嘆孩子的母親非常有智慧。不僅給孩子機會嘗試，也讓孩子相信所愛的人會等待自己。

就算心急如焚，也請學習等待子女吧！如果沒有經歷努力的過程，孩子們就會連成長的機會都失去了。

LESSON 40

放手讓孩子嘗試，才能蛻變為負責任的成熟大人

二〇一八年從英國傳來了令人惋惜的消息。被譽為擁有「兩個心臟」的韓國足球明星朴智星的母親因為交通事故去世。我之前就知道朴智星選手在成為世界最佳足球選手前，他的母親是如何犧牲奉獻的，因此聽到這消息後感到非常遺憾。

據說在朴智星年幼時，他的奶奶和母親會抓「青蛙」給身材矮小的朴智星吃，藉此讓他補充蛋白質。倘若當時他母親對他說的是：「你身高不夠高，不適合踢足球，試試看別的運動項目吧！」我們想必就會錯失這位韓國史上最偉大的足球員。

朴智星雖然身高不高，但他的母親相信自己兒子比任何人都更努力踢球，所以她願意為兒子無私地奉獻。即使沒有人相信他，但至少母親相信他，光榮的足球運動員就此誕生。父母的信任就是孩子成長的原動力。

我國中時有位很有趣的朋友。不，準確地說，那女孩的母親更有趣。她跟我國中同班，後來去讀了外語高中，是一個名叫「慧秀」的孩子。她在學校都乖乖地穿著制服，不過在外頭的她會穿著嘻哈褲、耳朵上戴好幾個耳環。以現在的眼光來看沒什麼，但在當年，她的穿衣風格算是很前衛的。

慧秀標新立異的風格漸漸出了名，許多家長都看過她的打扮。慧秀的母親當然也耳聞過女兒的風聲，即使如此，慧秀的母親一概用若無其事的表情、斬釘截鐵地說：「我們家慧秀不是壞孩子，也請大家不要擔心。」也許正因為母親如此信任她，慧秀一邊前衛地做自己，一邊也維持著優異的成績。

慧秀去唸了外語高中後，成績依然在頂尖水準，最後也考上了ＳＫＹ*大學。我非常敬佩慧秀媽媽對女兒的那份信任。如果是一般的母親，可能會因為從其他家長那裡聽到些什麼，就回家對孩子惡言相向：「我今天因為你顏面盡失。你穿的那什麼衣服啊？」但是慧秀的母親反而對其他家長說：「我的孩子我會自己看著辦，請大家別花心思了！」如此強烈地回擊。慧秀肯定也知道媽媽對她的信任，並且為了那份信任而努力著。

現在的父母非常疼愛孩子，但對孩子的信任卻不如從前。過去的父母雖然很少表達對孩子們的愛，但是卻非常信任孩子們。**信任意味著給予孩子去嘗試**

的機會，並允許孩子對結果負責。這種信任感能使孩子們成長為一個懂得負責的人。如果切斷孩子們犯錯的機會，他們就會變成傻瓜。

特別是子女在青春期時，如果父母幫他們做所有事情，這些孩子上大學後就會不知所措、無所適從。我在擔任家教老師時，遇見的一些學生完全是「傻瓜」。他們的母親幫自己的孩子安排了滿滿的行程，然後孩子們都按照那份「行程表」來行動。孩子們吃的是媽媽準備的食物，吃飽後就被帶到下一個補習班或課外輔導班，孩子們沒有感受到這些安排的用意或用心，只是讓時間白白流逝而已。

這類「行程控母親（Schedule Mom）」甚至會阻礙老師和孩子的溝通。過去我擔任補習班老師時發現，這類家長會堅持所有事情只要和他們商量即可，不需要直接和孩子溝通。但是，在課後教育中，有些部分我必須透過孩子才能瞭解，例如「學校老師是怎麼上課的？這次考試範圍是哪裡？有沒有想要老師多補充的部分？」等。然而，行程控母親只讓孩子聽到「結果」。

＊SKY是韓國首爾大學、高麗大學和延世大學三所著名大學的簡稱。（資料來源：維基百科）

凡事受到控制的孩子會逐漸忘記如何思考。要教會孩子時間管理，並非一蹴可幾。如果媽媽並不瞭解孩子課後的行程是否真的適合孩子，那麼孩子在這些安排之下，就會像輸入錯誤代碼的機器人一樣，無法流暢的學習。

有時成功、有時失敗，孩子會在這過程中瞭解如何管理自己的時間。

行程控母親所養育的孩子，都是為了不被老師罵才勉強寫作業，並且對於日常生活感到厭煩，這樣的孩子不曉得自己擁有的時間有多珍貴，即使長大了，也可能會成為浪費時間的愚昧之人。然而，孩子上大學之後，就是由他們自己安排自己的生活了，例如這個學期該選什麼課、要選哪個教授的課、課後時間規劃等等。如果孩子在青春期時，一切都仰賴母親安排行程，那麼孩子的大學生活將會非常難熬。

信任青春期子女，代表著父母要去相信子女能夠做好，即使子女可能會做不好，也要放手讓他們嘗試。

我在和青春期的孩子們相處時，最重視的就是「信任」。因為我有多相信孩子，孩子就會因此產生多少變化。教師的期待和信任能使孩子變得更加積極，也可能使孩子變得更加消極。

「因為老師的態度，孩子們會產生變化」的理論基本上有兩個，第一個是

「烙印現象」，是指當孩子出現問題行為時，老師就在心中將孩子畫個叉，留下「你今後也會繼續走偏」的印記，令人意外的是，孩子往往如同會通靈那般，對老師的想法心知肚明，也會漸漸走上歪路；第二個理論是「比馬龍效應（畢馬龍效應）」，是指如果老師對於孩子的變化抱持正向的態度，那麼孩子也會逐漸往好的方向發展、改變。

身為教師，責任重大，應該摒棄「烙印現象」，對孩子懷抱期待，並期許能在孩子身上看見「比馬龍效應」才對。

在親子關係中也是一樣的。家長對青春期子女而言是最有影響力、最重要的存在。即使世界上沒有任何人相信自己，只要爸媽相信自己，孩子就會產生力量。如果想看到子女的成長，就不要問、也不要計較，請先相信孩子再說吧！即使會上當受騙或者花費很多時間，「信任孩子」本身就是真誠靠近孩子的方式，這股力量會使孩子變得正向、積極。

曦允老師的溫柔叮嚀

您很愛孩子吧！但是，您信任他嗎？

「信任孩子」是父母務必做到的事，請不要對這點懶惰。如果父母不信任孩子，孩子便很難對自己有信心。發現孩子對自己沒信心時，首先由父母先相信他吧！這份信任，會成為孩子成長的堅實力量。

LESSON 41

現在感到幸福的孩子，才會相信能擁有美好的未來

「Carpe diem（活在當下）！」

在《春風化雨（Dead Poets Society）》這部電影當中，羅賓・威廉斯飾演一位在某間以嚴格聞名的高中的新任教師。他不僅教導孩子們不被紀律束縛，以嶄新的視野來觀察事物，也教育孩子們要脫離齊頭式的想法、擁抱夢想和自由，並且專注在自己身上。孩子們在這位老師的影響下，組織了「死亡詩社」。孩子們在當中朗誦著自創的詩作，發表各種自由的想法。然而，後來有一位名叫尼爾的孩子自殺，校長不樂見這樣的情況，於是將尼爾自殺的責任歸咎於老師，並將這位老師趕出學校。

雖然老師離開了，但是他教導的「活在當下」這偉大的教誨依然活在孩子們的心中。

父母都盼望孩子能夠過得開心、幸福。但問題是，他們的幸福何時才會來呢？大多數人都為了未來的幸福而放棄了孩子的現在。然而，**在孩子的眼中，比起未來，「現在」是更重要的。**

• • •

國高中一年一度的社團發表會是學校裡不容小覷的活動。透過這個活動，孩子們可以盡情表現出自己的才藝。但是我在協助準備發表會的時候，偶爾會看見抓著電話哭喪著臉的小傢伙們。特別在這一天，孩子都不想去補習班，但媽媽卻要小孩務必去補習班，有的孩子會因為無法參與社團發表會而非常難過，甚至和媽媽邊講電話、邊流淚。

當然，從父母的立場來看，都付錢讓孩子上補習班了，不去補習，從很多方面來看都是損失。但是，以孩子的立場來看，補習班是會持續進行的日常活動，但社團發表會是一年只有一次的特別活動。

如果感受到孩子參加社團發表會的決心，請家長就睜一隻眼閉一隻眼，讓孩子缺席一次、不去補習班吧！這麼一來，孩子肯定會對父母同理自己的舉動表示感謝，並且更加相信父母。為孩子現在的生活加油打氣，父母肯定也能得到很大的感動。

我們都會強迫自己為了更好的未來而犧牲現在。為了買房，現在要省錢；為了上更好的學校，現在要熬夜讀書。當然，如果今天不努力忍耐，就無法創造理想的未來。但是，如果今天是生命中的最後一天，那麼最後悔的會是什麼呢？仔細想想這些問題，結論就會是要先「活出幸福的現在」。

現在也要感到幸福，才能創造美好的未來。不要讓孩子為了遙遠的未來投入「所有」時間，有時必須把握當下，讓孩子做一些能感到快樂、幸福的事。

• • •

未來正以專家都難以預測的速度發展。美國「人工智慧機器人」開始代替人類從事單純的勞動，在不久的將來，很可能家家戶戶都備有一個家事機器人。如果父母為了讓孩子未來能從事「當代很被看好的工作」，而犧牲孩子的現在，這犧牲有可能變得毫無意義。

事實上，孩子長大後會選擇什麼工作、過什麼樣的生活，無論是孩子本身、父母或老師都不曉得。所以，讓我們為了孩子現在想要過的生活加油吧！當孩子的生活只是不斷被強調要讀書，他們就會漸漸喪失對於生活的期待和動力，無力地度過每一天。

為了讓孩子能很有自信地享受現況，父母必須幫助孩子取得課業和生活的平衡。青春期確實是個需要學習的時期，但是孩子們除了讀書以外，還有很多需要經歷的事情。

其中之一就是運動。運動是鍛鍊體能的一個非常重要的過程，國外對於體育有很多元的教育，但我國在這部分非常匱乏。讓孩子選擇一個喜歡的運動，然後支持孩子持續地運動下去吧！運動有助於大腦的發展，而且在生理和心理上都能獲得鍛鍊、提升。

除了運動，也鼓勵孩子們尋找自己的興趣吧！瞭解孩子喜歡什麼，並且至少一週一次，讓孩子有光明正大去探索、投入這個興趣的機會。最近學校也開設了很多課後班，因此除了讀書之外，還可以體驗到各種活動，積極參加這些活動也是個好辦法。

在排名越前面的學校裡面，不知道什麼是興趣和專長的學生就越多。然而，社會越來越多樣化、不能只靠一種專長，而是必須具備各種多樣化的能力，沒有興趣和專長的人，在人際關係上也會吃虧。例如，進入公司工作後，如果想要人際關係好，有時必須參加公司內的團體活動。但是，沒有興趣和專長的人很難參與其中，與他人的交流也會日漸減少。

興趣和專長是在反覆做同一件事情之後才能逐漸養成的。

如果以家長的標準來看，或許會認為讓孩子投入在興趣中，要是荒廢課業怎麼辦？其實並非如此，舉例來說，如果孩子喜歡經營社群媒體，只要他能堅持不懈，日後就有可能成為優秀的社群行銷人員。所以，請珍視孩子所珍視的事物。當孩子現在是幸福的，那麼孩子的未來肯定也會是幸福的！

曦允老師的溫柔叮嚀

你知道「YOLO」這個概念嗎？這是以「人生只有一回」的「You Only Live Once」字首為標語，意味著把時間花在重視自己當下幸福的生活態度與生活方式，也可以看做是對於那些犧牲現在幸福的老一輩的價值觀的反動。因為，每個人的人生都只有一次。

請珍惜孩子的現在。現在感到不幸的孩子，也難以夢想幸福的未來。在這個時代，需要擁有微小但確實的幸福，也需要擁有追尋自己未來的明智態度。

孩子的真心話

曦允老師VS.學生志溫的對談

#短期記憶　#學校很無聊
#老師對不起　#職業遊戲玩家
#爸媽對不起

志溫：大家好，我是短期記憶力特別好的林志溫。

老師：志溫剛剛從國中畢業，感覺怎麼樣呢？用五個字表達你對國中生活的心情吧？

志溫：覺、得、很、無、聊。

老師：咦？很無聊？你是說國中生活很無聊嗎？

志溫：這句話有很多意思啦！不過國中生活本來就不大好玩。嗯……該怎麼說呢？學校是像家一樣的地方。就像家裡一樣很無聊啊！雖然很重要，但是很無聊。

老師：志溫覺得很無聊的原因是什麼呢？

志溫：因為要一直坐著，所以很無聊。

老師：那志溫覺得哪些地方比較有趣呢？

志溫：我喜歡在溪邊或大海之類的地方活動身體、開心地玩。

老師：啊哈！所以要讓學校生活變得有趣，就要減少讓大家一直坐著的時間吧？那麼，下一個問題，志溫覺得自己在什麼時期最「中二」呢，你有得過「中二病」嗎？

志溫：好像是去年！那時候我一直反抗我們班導。

老師：當時為什麼那樣做呢？

志溫：去年我們班有違反班規就要打掃教室的懲罰，但是因為我違規太多次，所以我整個八月都在打掃。甚至二年級下學期都結束了，我還要過去打掃！因為變得很煩，我一時之間無法控制憤怒的情緒，就當面頂撞了老師。現在我當然覺得我做錯了。而且我下定決心以後不會再這樣了，我想跟去年的班導再次說聲對不起。

老師：好吧！好險你真心地反省了。那，志溫到目前為止有沒有做過什麼最後悔或最遺憾的事情呢？

志溫：剛才那個事件是讓我最後悔的事情。不過還有一件我覺得很可惜的事情，就是我雖然接到了當「鬥陣特攻」職業玩家的邀請，但是我沒有接受，覺得有點遺憾。

老師：天哪！你收到當職業遊戲玩家的邀請嗎？為什麼後來沒答應呢？

志溫：是的，雖然收到了邀請，但我覺得爸媽不可能會同意，所以就直接拒絕了。現在回想起來，我應該要先和他們商量一下的！

老師：應該很遺憾吧！那麼志溫有想過自己以後想成為什麼樣的人嗎？

志溫：這個嘛……還不太清楚。我還沒有很想做的事情。但很確定的是我想成為一個有趣的人。

老師：原來如此。志溫要不要也趁這個機會跟爸媽說句話呢？

志溫：……對不起。

老師：對不起什麼呢？

志澐：我無法告訴大家。但因為我闖了太多的禍，總之我真的做錯很多事，覺得很對不起爸媽。

老師：看來真的做了很多不能說的事情啊……好的，志澐最後有想對本書的讀者說些什麼嗎？

志澐：希望父母能成為對子女而言有意義的人。

老師：不太明白呢……「有意義」的具體意思是？

志澐：這只是我個人的想法，很多父母為了讓孩子能專心讀書，所以拚命努力賺錢、很晚才下班，和孩子相處的時間就變得很少。但我覺得比起那些，孩子更希望可以常常看到父母、跟父母溝通，希望父母可以成為讓孩子能大聲宣告「我的父母就是這樣的人！」成為在子女心中具有明確意義的存在，陪伴孩子一起度過許多美好的時光。

台灣廣廈 國際出版集團
Taiwan Mansion International Group

國家圖書館出版品預行編目（CIP）資料

走過青春期的高情商陪伴法：成為孩子最信賴的依靠！41則幫助他擺脫迷惘、邁向獨立的親子相處指引 / 張曦允著. -- 初版. -- 新北市：台灣廣廈, 2024.05
面； 公分
ISBN 978-986-130-617-9（平裝）
1.CST: 親職教育 2.CST: 親子關係 3.CST: 親子溝通 4.CST: 青春期

528.2 113003823

台灣廣廈

走過青春期的高情商陪伴法

成為孩子最信賴的依靠！41則幫助他擺脫迷惘、邁向獨立的親子相處指引

《青春期父母的機智教養》全新封面版

作　　者／張曦允
譯　　者／余映萱
編輯中心執行副總編／蔡沐晨・**編輯**／許秀妃
封面設計／何偉凱・**內頁排版**／菩薩蠻數位文化有限公司
製版・印刷・裝訂／東豪・弼聖・紘億・明和

行企研發中心總監／陳冠蒨
媒體公關組／陳柔彣
綜合業務組／何欣穎
線上學習中心總監／陳冠蒨
產品企製組／顏佑婷、江季珊、張哲剛

發 行 人／江媛珍
法 律 顧 問／第一國際法律事務所 余淑杏律師・北辰著作權事務所 蕭雄淋律師
出　　版／台灣廣廈
發　　行／台灣廣廈有聲圖書有限公司
地址：新北市235中和區中山路二段359巷7號2樓
電話：（886）2-2225-5777・傳真：（886）2-2225-8052

代理印務・全球總經銷／知遠文化事業有限公司
地址：新北市222深坑區北深路三段155巷25號5樓
電話：（886）2-2664-8800・傳真：（886）2-2664-8801
郵 政 劃 撥／劃撥帳號：18836722
劃撥戶名：知遠文化事業有限公司（※單次購書金額未達1000元，請另付70元郵資。）

■出版日期：2024年05月
ISBN：978-986-130-617-9